はじめに

私がはじめて「ワーケーション」という言葉を知ったのは2018年だった。ワーケーションは「ワーク（仕事）」と「バケーション（休暇）」を組み合わせた造語であるが、正直な話、第一印象はかなりネガティブだった。

その当時、私は金融機関の人事責任者を務めていたが、外部セミナーでワーケーションの先進事例を聞いたメンバーが「自社でもワーケーションを推進してはどうか」と提案をしてくれた。それにもかかわらず、「なぜバケーションに対して会社が予算を出さなければならないのか」「労務管理やセキュリティなど、不透明な部分が多すぎる」と、自身はワーケーション導入に反対の立場をとっていた。

その後、2020年のコロナ禍に当時の菅義偉官房長官が、休暇を楽しみながらテレワークで働くという観光や働き方の新しい形としてワーケーションを紹介したところ、世間的にも大きな話題を呼んだ。

「コロナ禍で本当にそんな働き方が流行るのだろうか？」と疑念をもちつつも、人事労務の専門家として「ワーケーション」についても一応、最低限は学んでおこうと考えた。リサーチを進めていくと、これまで自身が人事部門あるいはコンサルタントの立場で頭を悩ませてきたさまざまな経営課題に対して、ワーケーションがその処方箋になりうることを知り、大きな衝撃を受けた。

それからは食わず嫌いでワーケーションの導入を反対していた当時の自分を猛省しつつ、現在では「ワーケーション社労士」として、企業に対するワーケーションの推進活動に従事している。

2021年より観光庁の「新たな旅のスタイル促進事業」「ワーケーション推進事業」のアドバイザーに就任し、企業のワーケーション導入に対する相談対応を数多く実施してきたが、ワーケーション推進担当者にとっての共通の悩みは「経営陣からの理解が得られない」「管理部門がリスクを許容してくれない」ということであった。

自身もかつてはワーケーション反対派であったからこそ、その気持ちはよくわかる。ワーケーションは、働き手個人や受け入れる地域のメリットは直感的に理解できるが、企業に対するメリットはまだまだ解像度が低い。企業からすれば、メリットがみえづらい取組みに対して投資やリスクテイクができないのは至極当然だ。企業に対してワーケーションがもたらす効果・効用を体系的に可視化したいという思いが、本書執筆の大きな動機となっている。

本書では、人的資本経営、イノベーション、人材採用、経営人材育成、エンゲージメント等の経営戦略上の重要なテーマを紹介したうえで、それらのテーマに対してワーケーションがどのように影響しうるのか、という点について解説していく。また、実際にワーケーションを導入する際のプロセスや、労務管理の留意点などについても説明する。そして、実際にワーケーションに取り組んでいる事例を豊富に紹介している。

本書は企業の経営者や人事責任者、リーダーの方を意識して執筆してはいるが、金融機関等の経営支援機関の担当者の方、ワーケーションに関する企業ニーズを把握されたい地域のコーディネーター・自治体職員の方にも参考になる情報を掲載するように努めたつもりである。そのため、本書で紹介している事例は、企業側の視点のみならず、地域側・経営支援機関側の目線でも掲載している。

本書の執筆に際して、事例掲載のための取材に快くご協力をいただいた皆さま、そして本書の企画段階からご尽力をいただいた一般社団法人金融財政事情研究会の江口さまに、この場を借りて厚く御礼を申しあげたい。

【著者紹介】

岩田　佑介

組織人事コンサルタント
ワーケーション社労士
一般社団法人日本ワーケーション協会
公認ワーケーションコンシェルジュ

株式会社パソナにて官公庁の地方創生プロジェクトの立ちあげに従事した後、ライフネット生命保険株式会社の人事部長としてテレワーク、副業・兼業などの働き方改革やダイバーシティ戦略を統括。その後、三菱ＵＦＪリサーチ＆コンサルティング株式会社の組織人事コンサルタントとして経営人材育成・サクセッションプラン策定のプロジェクトに参画。２０２１年より観光庁「新たな旅のスタイル促進事業」「ワーケーション推進事業」アドバイザーに就任。現在は「ワーケーション社労士®」として全国各地でのワーケーションを自ら実践しつつ、企業のワークスタイル変革を支援している。

著書に『図解 労務入門』（共著、ディスカヴァー・トゥエンティワン）、『ベンチャー・スタートアップ企業の労務50のポイント』（セルバ出版）。

目次

【理論編】

第1章 なぜワーケーションで経営課題が解決できるのか

第2章

経営人材育成とワーケーション

第3章

エンゲージメント向上とワーケーション

第4章 ワーケーション制度の導入プロセス

第5章 ワーケーションと労務管理

【事例編】

第6章 産学官連携によるストレスサイエンスを活かしたワーケーション

〈本書の留意事項〉

① 本書に含まれる情報に関しては、筆者が信頼できると判断した情報をもとに作成したものですが、その正確性・完全性を保証するものではありません。なお、意見にあたる部分は筆者個人の見解です。

② わかりやすさを優先したために、一部、省略・簡略化した表現を用いています。

③ 本書に記載されている内容は、取材または執筆当時のものです。また、取材協力先の所属・役職等は取材または執筆当時のものです。

第1章

【理論編】

なぜワーケーションで経営課題が解決できるのか

1 経営戦略と人材戦略を紐づける

人的資本経営が広まった背景

本書は「ワーケーション」という働き方が、経営戦略においてどのような意味や効果をもつのか、を明らかにしていくことを目的としている。そのためにはまず「人材戦略」と「経営戦略」との関係性について最初に議論しておく必要があるだろう。

人材戦略を経営戦略に連携させていくアクションは、まさに経済産業省が提唱している「人的資本経営」の考え方そのものである。

人的資本経営とは、人材を「資本」として捉え、その価値を最大限に引き出すことで、中長期的な企業価値向上につなげる経営のあり方を指す概念だ。

経済産業省の「持続的な企業価値の向上と人的資本に関する研究会」（伊藤邦雄座長）が、

2020年9月に「人材版伊藤レポート」という報告書を公開した。ちなみに人材版伊藤レポートの前身である、2014年8月公表の「伊藤レポート」では、企業価値を高めていくための提言として「ROEの目標水準8%」というキーワードが、経営者や投資家の耳目を集めていたこともあり、人材版伊藤レポートについても人事部門のみならず、幅広い層で話題となった。

2021年には東京証券取引所の改訂版コーポレートガバナンス・コード（上場企業向けの指針・ガイドライン）に「人的資本への投資」というキーワードが盛り込まれた。さらには2022年の岸田文雄内閣総理大臣施政方針演説のなかで「人的投資が、企業の持続的な価値創造の基盤であるという点について、株主と共通の理解をつくっていくため、今年中に非財務情報の開示ルールを策定します」との発言があり、「人的資本経営」という考え方が上場企業を中心に一気に広まった。

人的資本経営の実現において大きな課題とされていたテーマは、「人材戦略と経営戦略の紐づけ」であった。従業員人数300名以上の人事部門の役職者を対象にした、パーソル総合研究所の「タレント・マネジメントに関する実態調査」によれば、3割以上が「人事戦略が経営戦略に紐づいていない」と回答している（**図表1－1**）。

また、地域の中核企業候補に対象を絞った経済産業省の調査では、約4割の企業で専任の人事担当者が不在という結果も出ている（**図表1－2**）。

図表1－1　人材マネジメントの課題

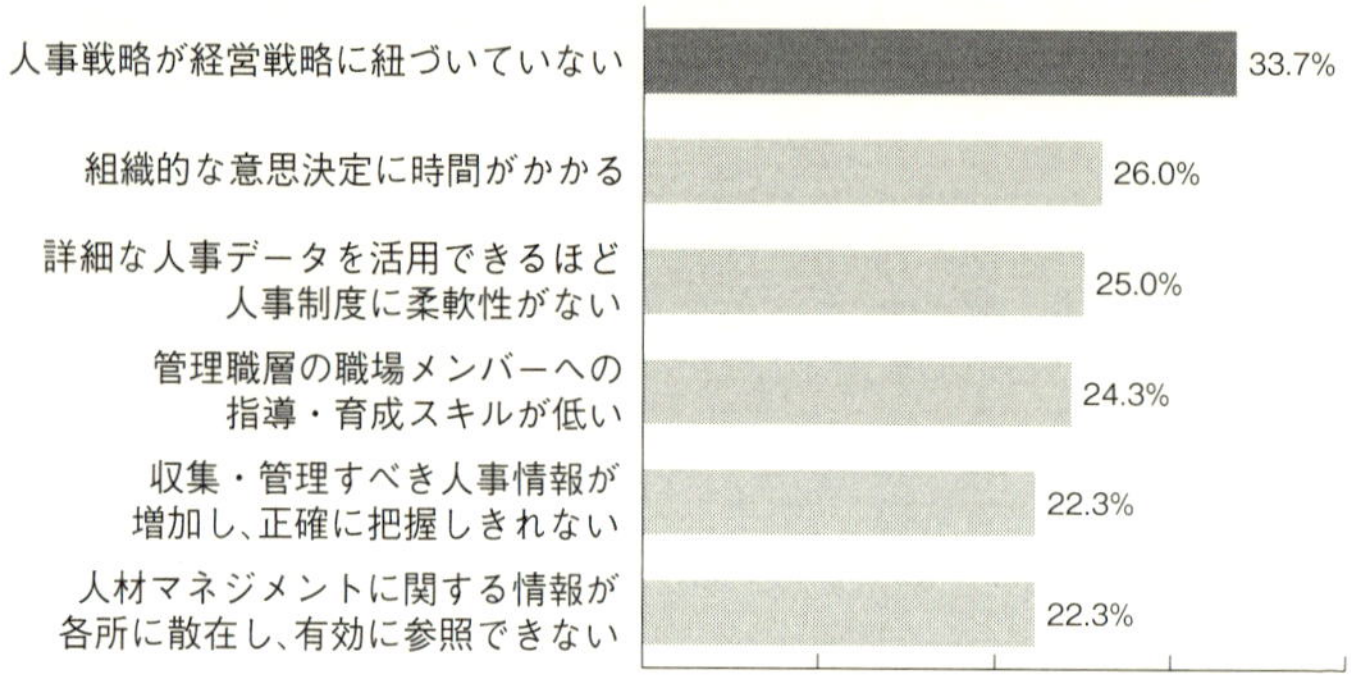

（注）複数回答。従業員人数300名以上の日本企業に勤める人事部門の課長相当以上の役職者300人を対象に、2019年６月にインターネット調査を実施
※パーソル総合研究所「タレント・マネジメントに関する実態調査」（HITO REPORT 2019年10月号）
（出所）経済産業省　第６回 持続的な企業価値の向上と人的資本に関する研究会「参考資料集」

図表1－2　地域未来牽引企業（地域の中核企業候補）における人事担当者の人数

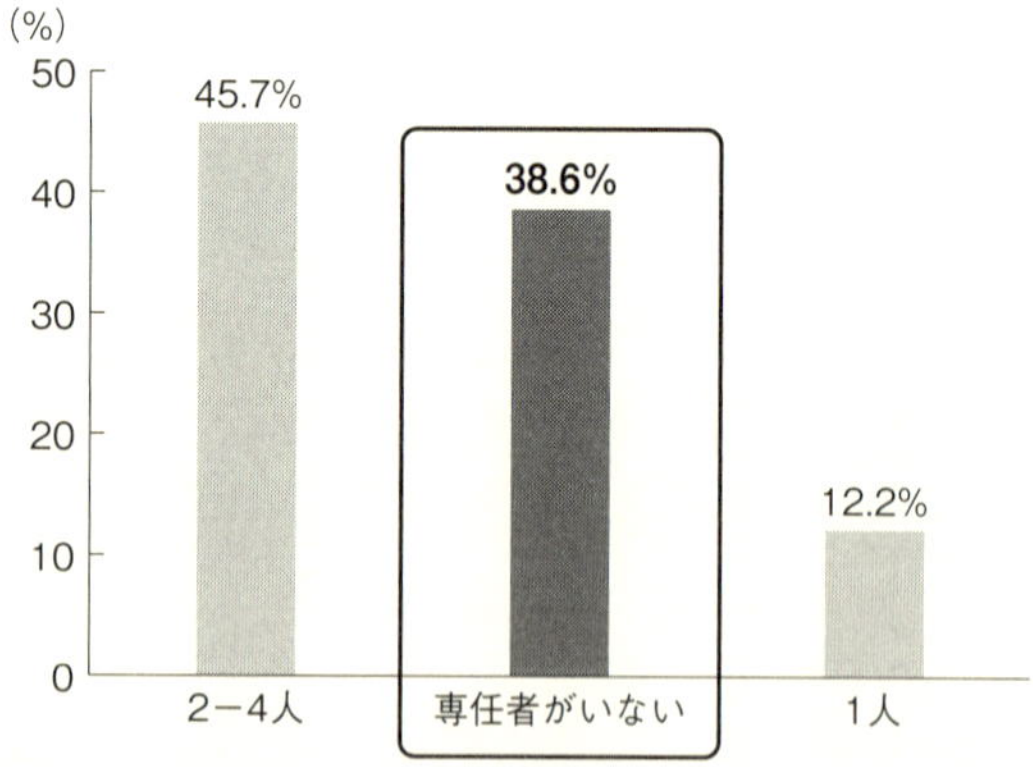

（出所）経済産業省「地域の産官学で連携した人材育成等の取組（地域の人事部）について」（2022年12月）

都市部の大企業では経営戦略と人材戦略が紐づいておらず、地域の中核企業においてはそもそも人材戦略を立案する人事専任担当者が存在していないという状況を踏まえると、人的資本経営は経営陣が主導すべきテーマであるといえる。

このような観点から、経済産業省が人材戦略に関する新たなフレームワークとして、3P・5Fモデルを提唱している（**図表1－3**）。これは人的資本経営において、経営陣が主導して策定・実行すべき特に重要な人材戦略について、3つの視点（Perspectives）と5つの共通要素（Common Factors）を整理したものだ。つまり、次のような項目について経営陣を巻き込んで議論すべし、という国からのメッセージである。

【3つの視点】
- 視点1　経営戦略と人材戦略の連動（人材アジェンダと経営戦略とのつながりを意識）
- 視点2　As is - To be ギャップの定量把握（人材戦略上のありたい姿と現状との差を意識）
- 視点3　企業文化への定着（企業文化とパーパスのつながりを意識）

【5つの共通要素】
- 要素①　動的な人材ポートフォリオ（適所適材、人材ポートフォリオ変革のスピードアップ）

図表1－3　人材戦略に求められる3つの視点・5つの共通要素

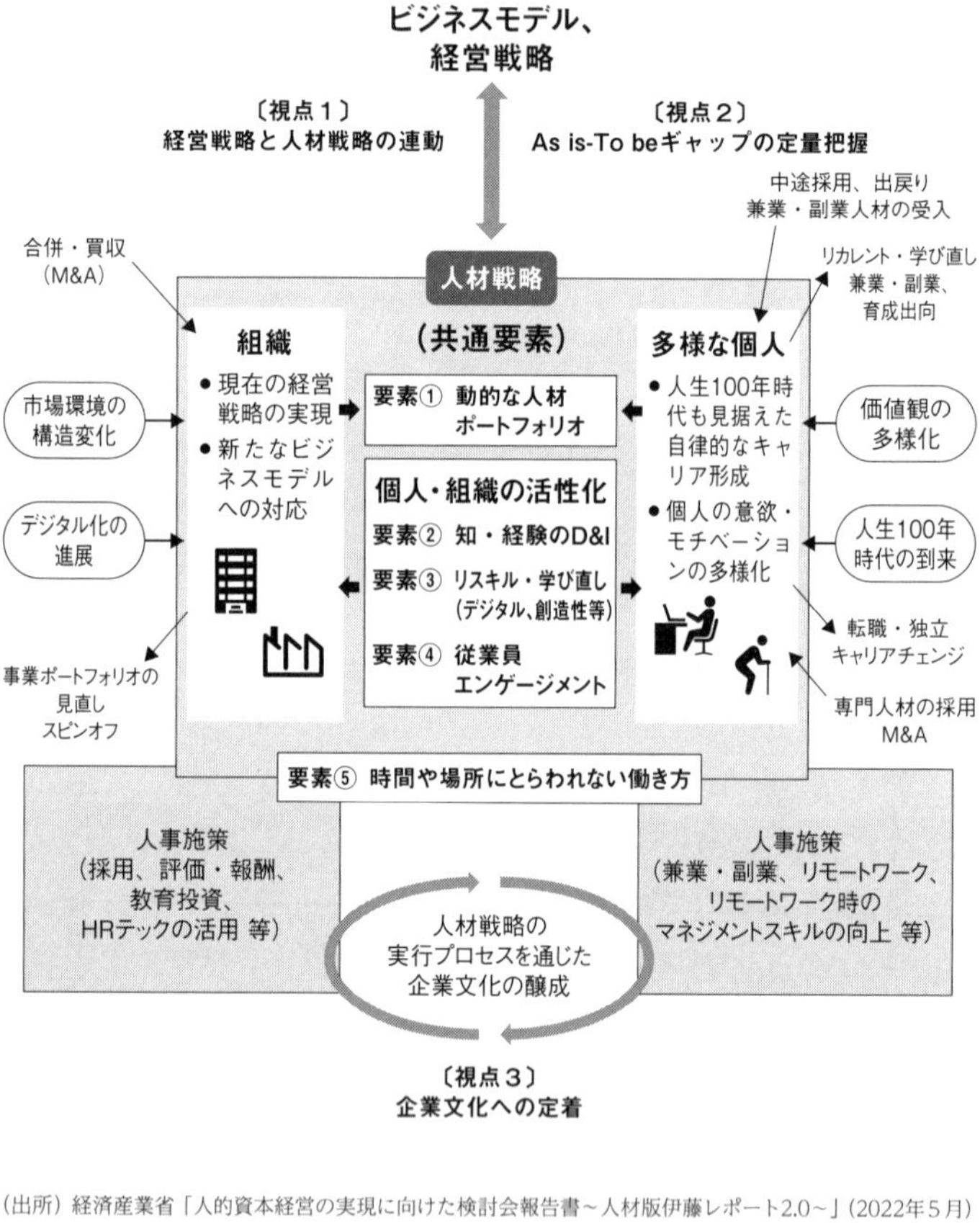

（出所）経済産業省「人的資本経営の実現に向けた検討会報告書～人材版伊藤レポート2.0～」（2022年5月）

- 要素②　知・経験のダイバーシティ&インクルージョン
- 要素③　リスキル・学び直し
- 要素④　従業員エンゲージメント
- 要素⑤　時間や場所にとらわれない働き方

この図表では、要素⑤「時間や場所にとらわれない働き方」が他の4要素を支える基盤的な位置に置かれている点も注目したい。今後の人材戦略の策定・実行にあたって重要視されるアジェンダを実現していくうえで、「働き方」のアップデートが必要不可欠であることを示唆しているといえよう。

2 働き方は組織のOS、常にアップデートを

働き方が経営戦略のコアとなる

新型コロナウイルス感染症の影響により、われわれの働き方は一変した。感染拡大防止策としてのテレワークが政府からも推奨・要請され、働き方の新様式として社会に広く浸透した。また、その少し前からムーブメントになっていた副業・兼業については、コロナ禍における働き手の意識変容と相まって、大企業においても副業解禁・推奨の動きがトレンドになっている。

経済産業省が2021年12月に公表した「未来人材会議」の資料によれば、「コロナ禍以降に多様な働き方の重要性が増した」と回答した者は全体の約61％を占めている。

また、内閣府の2023年の調査によれば、企業のテレワーク実施率は東京都23区では51・6％となっており、コロナ禍前から比較すると約3倍になっている。また同調査では、「働くうえ

で重視するもの」として「テレワークやフレックスタイムなど柔軟な働き方ができること」がテレワーク経験者のなかで第1位の要素となっている（**図表1－4**）。

この調査結果で非常に興味深いのは、テレワーク経験者と就業者全体では「テレワークやフレックスタイムなど柔軟な働き方ができること」の重視度に大きなポイント差がみられることだ。つまり、**「一度でもテレワーク等の柔軟な働き方を経験した就業者は、リアル重視の固定的な働き方の職場には戻ってこない」**ということを意味している。

今や労働市場は完全なる売り手市場であり、今後も労働力人口の減少に伴って人手不足の状況はより加速化していく。こうした環境下で、働き手のニーズに応えて優秀な人材を採用するためには、働き方のアップデートが必要不可欠である。

場所・時間・所属の3軸の自由度を高める

「働き方をアップデートする」といわれても抽象的でイメージがつかみづらいかもしれない。より具体的にアップデートを定義するならば、**「場所」「時間」「所属」の自由度を高めること**だと捉えてもらえるとわかりやすい（**図表1－5**）。

1社に専業で所属し、フルタイムかつオフィスに出社する以外の選択肢がなかった「ワークス

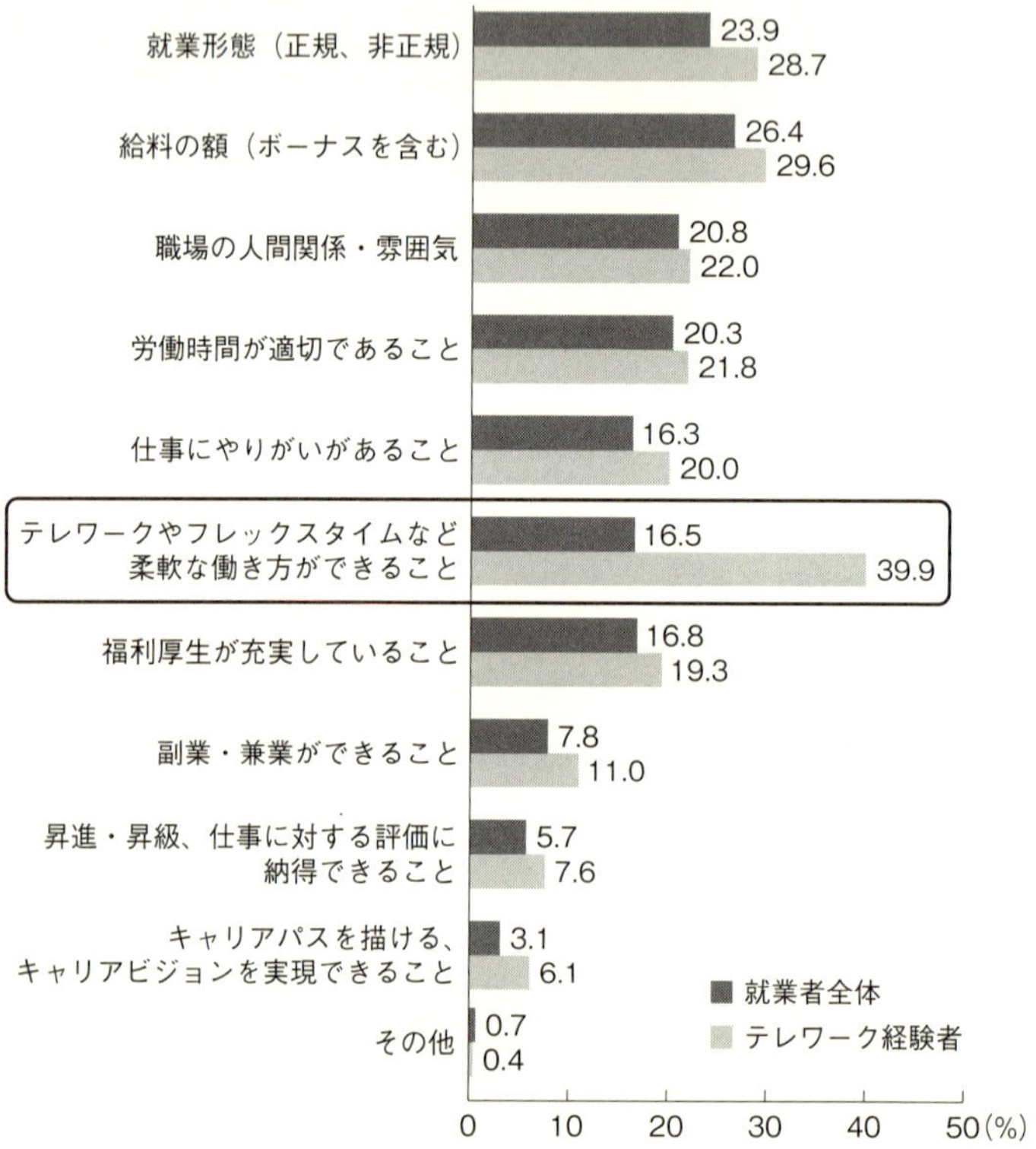

※「重視するようになったものは特にない」と回答した人の割合は、就業者全体で36.5%、テレワーク経験者で21.7%

図表1-4　働くうえで重視するもの（就業者）

(回答者数／回答対象者数)	20歳代	30歳代	40歳代	50歳代	60歳代以上
就業形態（正規、非正規）	**33.1%**	28.5%	22.7%	19.3%	13.2%
給料の額（ボーナスを含む）	**39.7%**	35.1%	24.9%	18.3%	9.7%
職場の人間関係・雰囲気	**27.3%**	22.5%	20.0%	18.0%	14.7%
労働時間が適切であること	20.6%	**24.4%**	20.7%	18.2%	16.4%
仕事にやりがいがあること	**17.9%**	16.8%	16.7%	13.9%	16.2%
テレワークやフレックスタイムなど柔軟な働き方ができること	18.8%	**20.1%**	16.9%	13.4%	12.3%
福利厚生が充実していること	**27.7%**	21.5%	14.1%	10.8%	8.0%
副業・兼業ができること	9.1%	**10.8%**	8.8%	4.9%	4.5%
昇進・昇級、仕事に対する評価に納得できること	7.7%	**8.1%**	6.0%	4.4%	1.1%
キャリアパスを描ける、キャリアビジョンを実現できること	4.1%	**4.7%**	3.7%	1.3%	1.2%
その他	0.4%	**1.2%**	0.6%	0.5%	0.6%
重視するようになったものは特にない	24.7%	29.0%	37.2%	45.1%	**50.0%**

（出所）内閣府「第６回新型コロナウイルス感染症の影響下における生活意識・行動の変化に関する調査」（2023年４月19日）より作成

図表1-5　働き方のアップデート

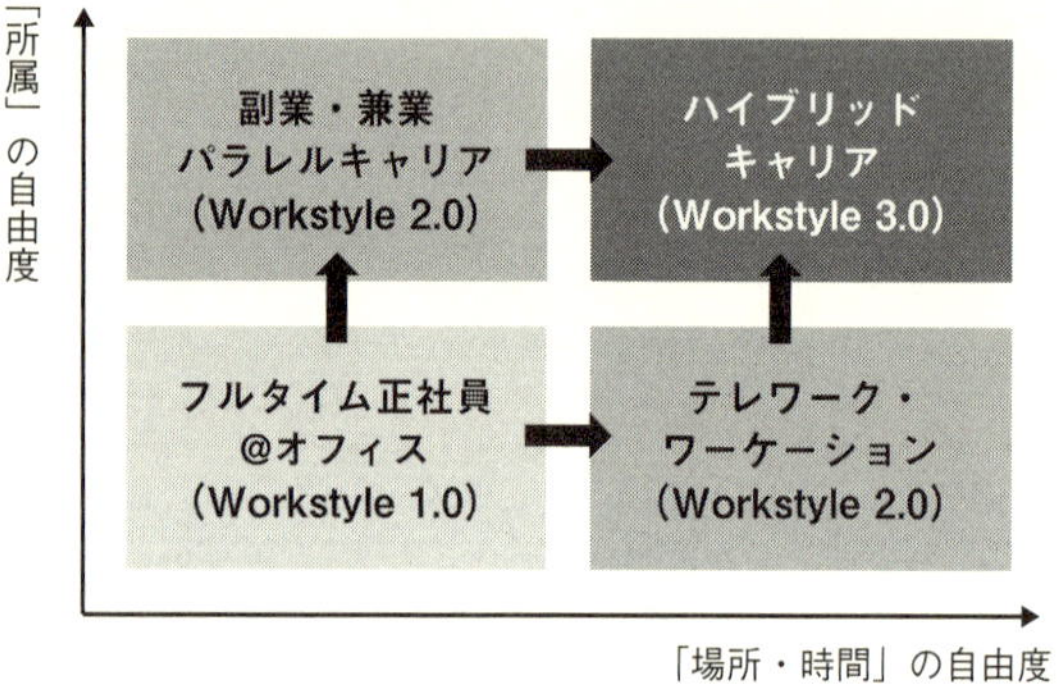

（注）Workstyle 1.0：1社に専属する正社員を中心とした従業員が、オフィスに出社して一堂に会して働いており、「場所」「時間」「所属」の自由度がいずれも低い状態
Workstyle 2.0：「場所」「時間」「所属」の自由度が、コロナ禍等の外部環境や労働市場の変化に応じて対症療法的かつ部分的に高められている状態
Workstyle 3.0：「場所」「時間」「所属」の自由度が、自社の経営戦略や人材戦略と連動して統合的に高められている状態
（出所）筆者作成

タイル1・0」と比べて、副業・兼業の推進やテレワーク・ワーケーションの普及は、働く人々からみれば「所属の自由度」と「場所・時間の自由度」の高まりを意味する。

こうしたアップデートは、大きなメリットや可能性を内包している。たとえば、社内外でのコミュニケーションがオンライン前提となったことで、世界中の人たちとのコワークが可能になった。こうした変化は雇用コミュニティそのものを多様化・オープン化させることにつながっていく。

また、これまでは同質性が高く、雇用の流動性が低い日本においては、どうしても内向きのマインドセットに陥

図表1－6　Workstyle 1.0からWorkstyle 3.0へ

Workstyle 1.0		Workstyle 3.0
同質性の高い クローズドコミュニティ オフィスへの通勤・出社前提の働き方であったため、会社の社内メンバーとのコミュニケーションがメインとなる	▶	**多様性に富む オープンコミュニティ** テレワークによってオンラインコミュニケーションが加速化し、世界中の人とのコワークが可能になる
企業単位での課題解決志向 課題解決の視野・スコープが個社の戦略や事業課題に限定されており、企業個社の経営パフォーマンスの最大化がメインのイシューとなっている	▶	**社会全体の課題解決志向** ワーケーション等の機会を通じて社会・地域等に対する課題解決の視座・スコープを獲得し、個社の個別最適志向を超えた社会全体での課題解決志向へと変化していく
社内での受動的な成長機会 1社専属型のキャリアパスのなかでは、従業員にとっての成長機会は所属企業の内部におけるOJT・Off-JT、ジョブローテーションに委ねられており、会社側が主導権をもつため、従業員からすれば成長機会が受動的・限定的といえる	▶	**社内外の自発的な成長機会** 従業員個々人が自ら伸ばしたいと考えるスキルを前提に副業に従事することで、成長機会が社内での経験に限定されない。また、社外での経験を社内にもち込むことで、新たなナレッジ・ネットワークの構築が可能となる

（出所）筆者作成

りやすい状況があったが、それが副業・兼業やワーケーション等の機会が増えていくことで、今までの企業単位の個別最適志向から、社会全体の課題解決志向への視座変革が生じやすい環境が生まれている。これは第2章でみていくような経営人材の育成にもポジティブな影響がある。

さらに、これまでのキャリアデザインは、ほとんどが所属企業内でのＯＪＴ、Ｏｆｆ－ＪＴ、ジョブローテーションに依拠するものであったが、テレワークやワーケーションを前提とした副業・兼業がデフォルトになることで複数の組織での経験を通じて自らのキャリアを育むことができるようになっている。

これまでは人材戦略のなかの小さな1要素でしかなかった「働き方」が、今や組織能力に直結する経営戦略のど真ん中のテーマになっている。働き方のアップデートがもたらすさまざまなメリット（**図表1－6**）を享受しなければ、これからの競争環境を勝ち抜くことは到底難しいだろう。

ワーケーションが「組織の試金石」になる時代

筆者は定期的に大学1、2年生を対象にしたキャリア論の講義のゲストスピーカーとして「働き方」をテーマに話をする機会がある。その際には「ワーケーション」についても紹介することがあるのだが、以前は「そんな夢のような働き方があるのですか！」と目をキラキラ輝かせていた学生が少なくなかった。しかし最近では、ほとんどの学生がワーケーションという言葉を既に知っており、もはや何ら目新しい概念ではなくなっている。

さらに、「ワーケーションが認められている企業で働きたい」という学生の意見もよく耳にする。よくよく話を聞いてみると、入社してすぐにワーケーションをしたいわけではなく、「ワーケーションを導入するような企業であれば、きっと、それ以外のテーマにおいても柔軟な働き方ができる可能性が高いから」という、いわば組織文化の〝試金石〟として用いられている。

学生たちのこの視点は理にかなうものだと筆者は感じる。テレワークができる組織であれば、本来、ワーケーションを導入しない合理的な理由は存在しない。それを「なんとなく」という理由で導入に踏み切れない組織は、働き方を常にアップデートしていくという姿勢に欠けていると思われても仕方がない。

働き方とは、組織におけるOS（Windows, Mac, iOS）のようなものである。常に新しいバージョンへとアップデートしておかないと、優秀なアプリ（人材）がインストールできなくなるのだ。

3 ワーケーションの現在地と企業における効果

認知度は高いのに、導入率は低いワーケーション

人的資本経営においては経営戦略と人材戦略を連動させることが重要である旨、そしてそのセンターピンこそが「働き方」であるという点を解説してきた。ようやく本書のテーマである「ワーケーション」そのものの解説に移っていきたいと思うが、まずはワーケーションの現在地を正しく認識しておこう。

観光庁が2022年3月に公表した調査によると、企業におけるワーケーションの認知度は全体の66・0％と高い水準だったのに対し、実際に導入している企業はわずか5・3％にとどまっている（**図表1−7**）。企業がワーケーションを導入していない理由については、「業種としてワーケーションが向いていない（60・5％）」「ワークと休暇の区別が難しい（20・5％）」「運用

図表1-7　テレワークとワーケーションの導入率・認知率（2021年度）

- テレワーク導入率：2021年度 38.0%（2020年度 38.3%）
- 企業におけるワーケーション認知率：2021年度 66.0%（2020年度 48.5%）
- ワーケーション導入率：2021年度 5.3%（2020年度 3.3%）

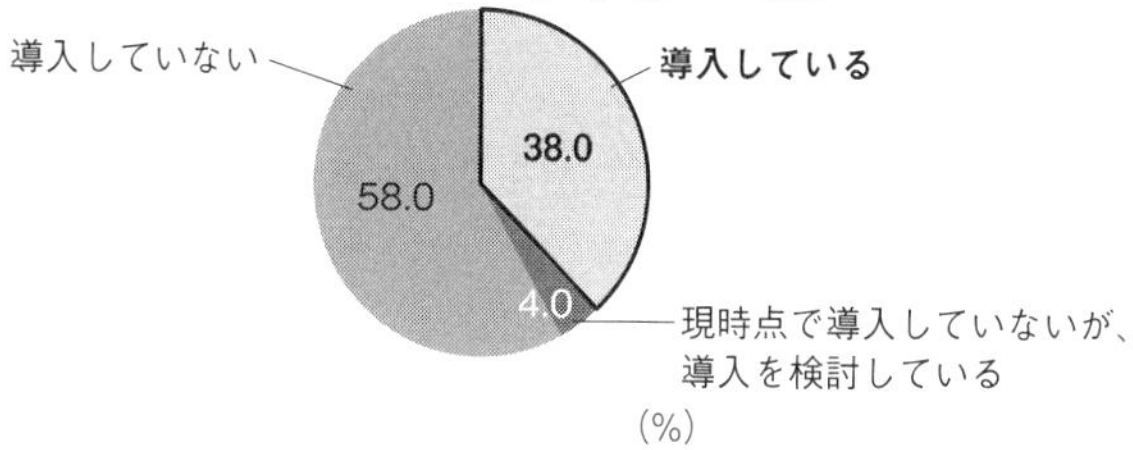

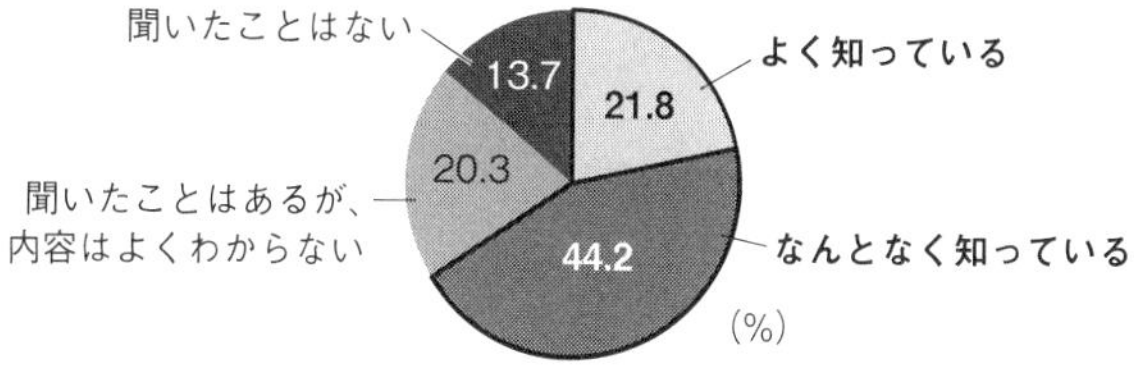

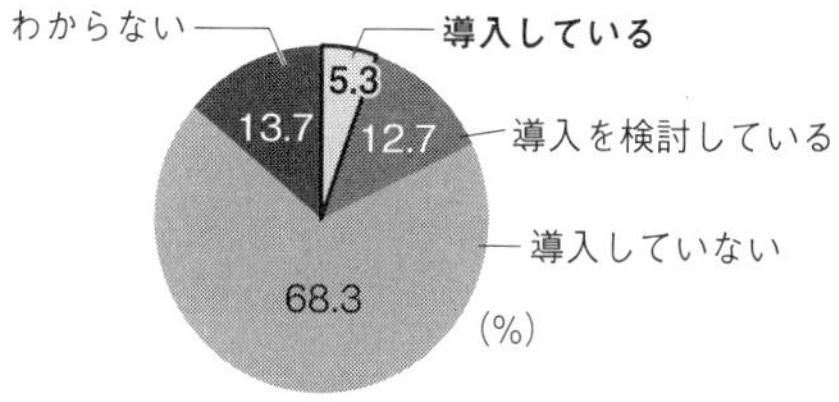

※「新たな旅のスタイル」に関する実態調査
（出所）国土交通省 観光庁「今年度事業の結果報告」（2022年3月17日）より作成

できる部署や従業員が限定的になるため、社内で不公平感が生じる（9・0％）」などがあがっているが、これらの懸念は必ずしもワーケーションだけに限ったものではなく、テレワークを導入する際にも議論のポイントになるテーマだ。同調査ではテレワークの導入企業は全体の38・0％であり、**テレワークが可能な企業であってもワーケーションの導入には躊躇している何らかの要因が存在している**といわざるをえない。

多義性のメリット・デメリット

ワーケーションの認知度と実施率にここまで差が生じる理由の1つは、**「ワーケーション」という言葉の多義性**にあるのではないかと考える。

たとえば、観光庁が公表しているワーケーションの類型をみると「ワーケーション」と「ブレジャー」に大別したうえで、「ワーケーション」については「業務型」と「休暇型（福利厚生型）」に整理している。さらに前者の「業務型」は、「地域課題解決型」「合宿型」「サテライトオフィス型」の3つに細分化されている（**図表1－8**）。

前述の観光庁の調査によると、企業によるワーケーションのイメージ（複数回答）は、「有給休暇を利用し、リゾートや観光地等での旅行中に一部の時間を利用してテレワークを行う（49・

図表1-8　ワーケーションの実施形態（イメージ）

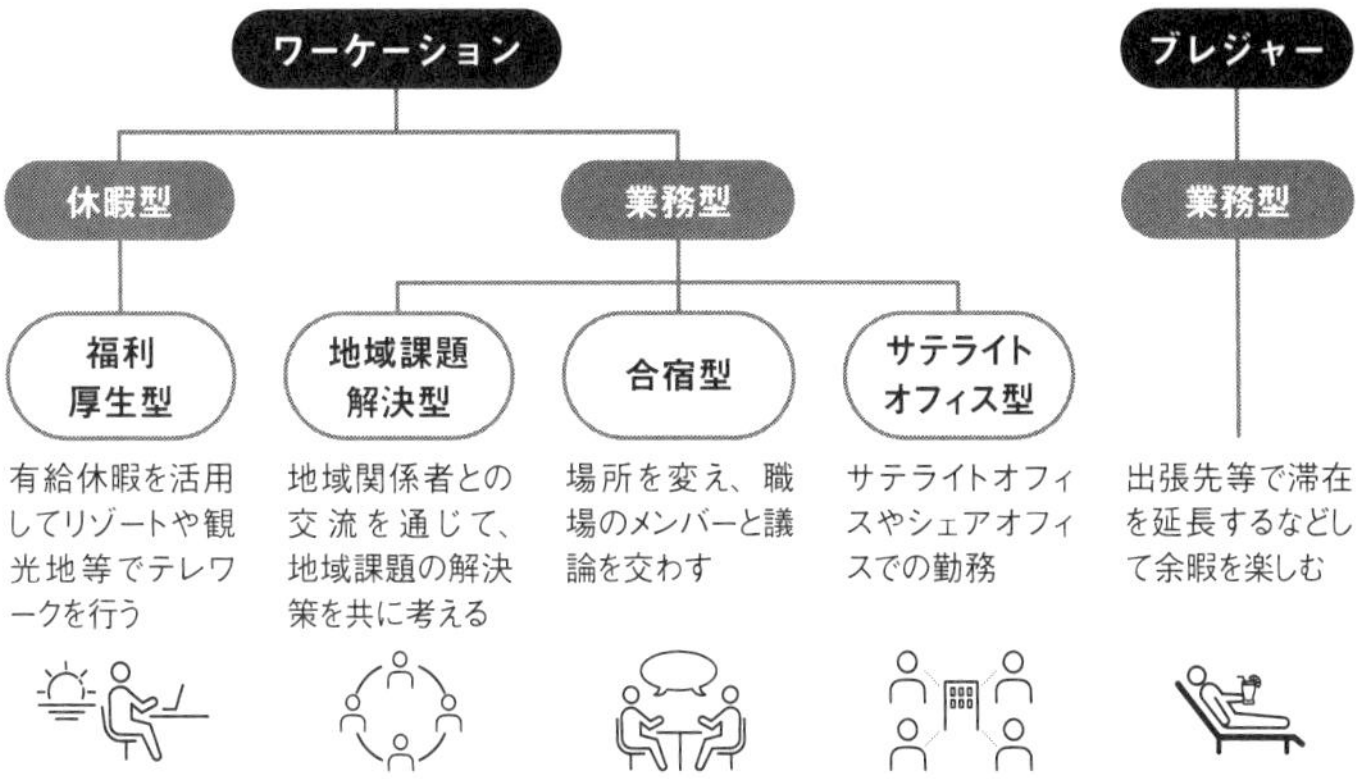

（出所）観光庁「新たな旅のスタイル　ワーケーション&ブレジャー　企業向けパンフレット」

8%）」がトップだが、「地方の会議室や自然のなかなど通常勤務地とは異なる場所で職場のメンバーと議論を交わす（オフサイトミーティングやチームビルディングなど）。勤務時間外はその土地での観光や生活を楽しむ（32・2%）」「観光地や地域に出向いて地域関係者との交流を通じて地域課題の解決策をともに考える。勤務時間外はその土地での観光や生活を楽しむ（28・2%）」「会社が準備したサテライトオフィスやシェアオフィスで勤務する。勤務時間外はその土地での観光や生活を楽しむ（26・2%）」「出張による地方での会議や研修、打ち合わせの前後に有給休暇を取得して出張先で旅行を楽しむ（24・5%）」と僅差で続いている。

この結果には、いかにワーケーションのイメージが多義的であるかが如実に示されている。

つまり、“ワーケーション制度導入に向けて社内で議論をしていく際は、「それは、どのタイプの“ワーケーション”について話しているのか？」と、その定義を都度、確認する必要があるということを意味している。

ワーケーションの語源でもある「バケーション」の語感が強く前面に出てしまうせいなのか、経営陣がワーケーションという言葉を聞くやいなや、「なぜ、従業員のバケーションまで会社側が支援しなければならないのか」とネガティブな反応を示したという人事担当者の声も多く耳にする。特に本書で紹介しているような業務型ワーケーションを推進するうえでは「経営者側に評判の悪い“ワーケーション”という言葉を使うのをやめたほうがよいのではないか」という議論もある。

ただし、ワーケーションという言葉がもつ語感や多義性はデメリットばかりではない。働き手にとっては「旅をしながらいつでもどこでも働ける」というイメージの広がりがあり、従来の働き方の概念を刷新する突破力を有している。だからこそ、ワーケーションがここまで高い認知度を勝ちえたともいえるだろう。

多義性という観点からは、「出張」「研修」「視察」「合宿」など、企業がこれまでの日常的に実施してきた行為に対して、「実はそれらもワーケーションの一種である」と説明することで、企業からみたワーケーション導入のハードルを下げるという一定の効果もある。地域課題解決型のワーケーションでは、「地域との連携による越境学習」という企業における新たな人材育成手法を普及させたことも、ワーケーションという言葉の多義性から生まれた1つの成果である。

少し話が逸れるが、そもそも英語圏ではワーケーションという言葉は、どれほど一般化しているのだろうか。アメリカの観光産業ニュース「Travel Weekly」誌の電子版で、「workation」を調べると、2020年から2023年7月26日までの間で登場するのは13回。スペル違いの「workcation」では、2018年から同日までで14回。そして、記事中の表記には引用符（“”）をつけての表記が多く見受けられる。

つまり、英語圏では概念としての「work」と「vacation」の言い回しとして使われることはあっても、一般的に普及している言葉ではないことがわかる。その意味では、**ワーケーションという言葉自体が日本で独自に進化**したともいえる。

企業のなかでワーケーションを推進していく担当者や、受け入れる地域側は、このワーケーションという言葉の多義性のメリット・デメリットを十分に理解しておく必要がある。

ワーケーションの効果

結局のところ、ワーケーションは企業にとって、どのような効果があるのか。経団連が

図表1−9　企業におけるワーケーションの主な効果

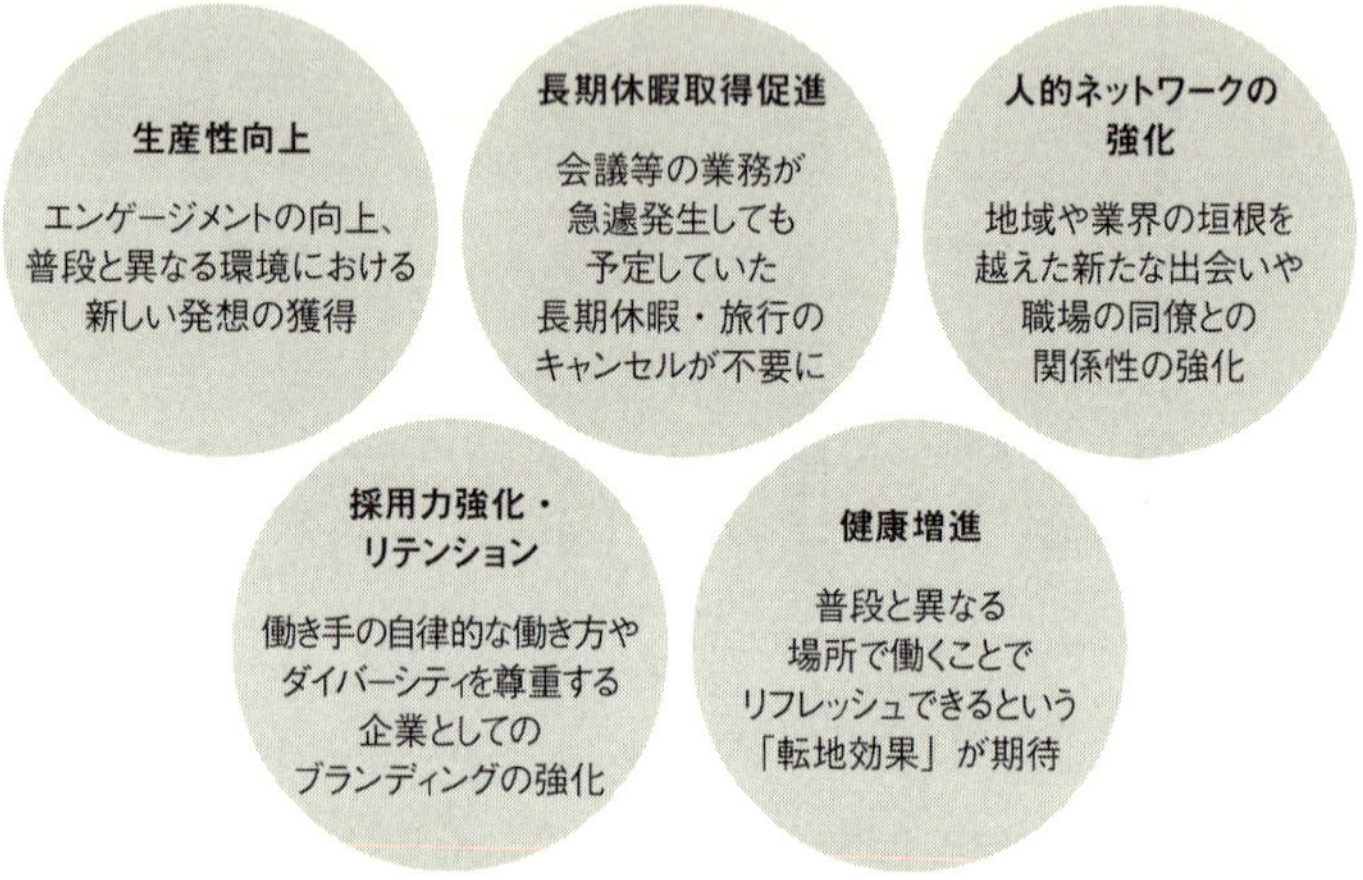
生産性向上
エンゲージメントの向上、
普段と異なる環境における
新しい発想の獲得
長期休暇取得促進
会議等の業務が
急遽発生しても
予定していた
長期休暇・旅行の
キャンセルが不要に
人的ネットワークの
強化
地域や業界の垣根を
越えた新たな出会いや
職場の同僚との
関係性の強化
採用力強化・
リテンション
働き手の自律的な働き方や
ダイバーシティを尊重する
企業としての
ブランディングの強化
健康増進
普段と異なる
場所で働くことで
リフレッシュできるという
「転地効果」が期待

（出所）経団連「企業向けワーケーション導入ガイド」（2022年7月19日）

2022年に公表した「企業向けワーケーション導入ガイド」では、**図表1−9**のとおり、「生産性向上」「長期休暇取得促進」「人的ネットワークの強化」「採用力強化・リテンション」「健康増進」の5つをあげている。

「採用力強化・リテンション」については、今後の人材獲得競争を勝ち抜くためには、ワーケーションを含めた働き方のアップデートが必要不可欠であることは先ほども述べたとおりである。また、「生産性向上」（特に「エンゲージメント向上」）は、企業の人材戦略においても喫緊の課題であり、第3章でも解説していく。さらに、「人的ネットワークの強化」は、イノベーション創造や経営人材育成という観点からも重要な要素であり、こちらも本書で取りあげて解説していく。「長期休暇取得促進」という観点は第5章、「健康増進」というテーマについては第6章の事例もぜひ参考にしてもらいたい。

4 「両利きの経営」とワーケーション

イノベーション不在の日本

企業の中期経営計画を眺めていると、かなりの割合で「イノベーション」というキーワードが登場する。オープンイノベーションの推進やスタートアップ企業との協働・連携など、どの企業もあの手この手でイノベーション創造に躍起になっているが、残念なことに事態はあまり好転していない様子だ。

世界のイノベーションの主体はＧＡＦＡＭをはじめとするＩＴ企業にシフトしており、日本企業は完全にその波に乗り遅れてしまっている。The Global Innovation Index に基づいた国別イノベーションランキングにおいても、トップ10に入れない状況が続いている。では、日本企業からなぜイノベーションが生まれないのだろうか。

日本企業は「両利きの経営」ができていない

この問いに対して、経営学者の入山章栄氏は、日本企業が「両利きの経営」でいうところの「深化」に偏りすぎているからだと指摘している。

「両利きの経営」とは経営学者のチャールズ・オライリー氏らによって提唱され、入山章栄氏によって日本にも広く普及した概念であるが、イノベーション創造のためには次の2つのバランスをとることが必要であるという考え方である。

① 既存の資産と組織能力を「深化」すること
② 新規事業のための「探索」をすること

図表1-10　両利きの経営とは?

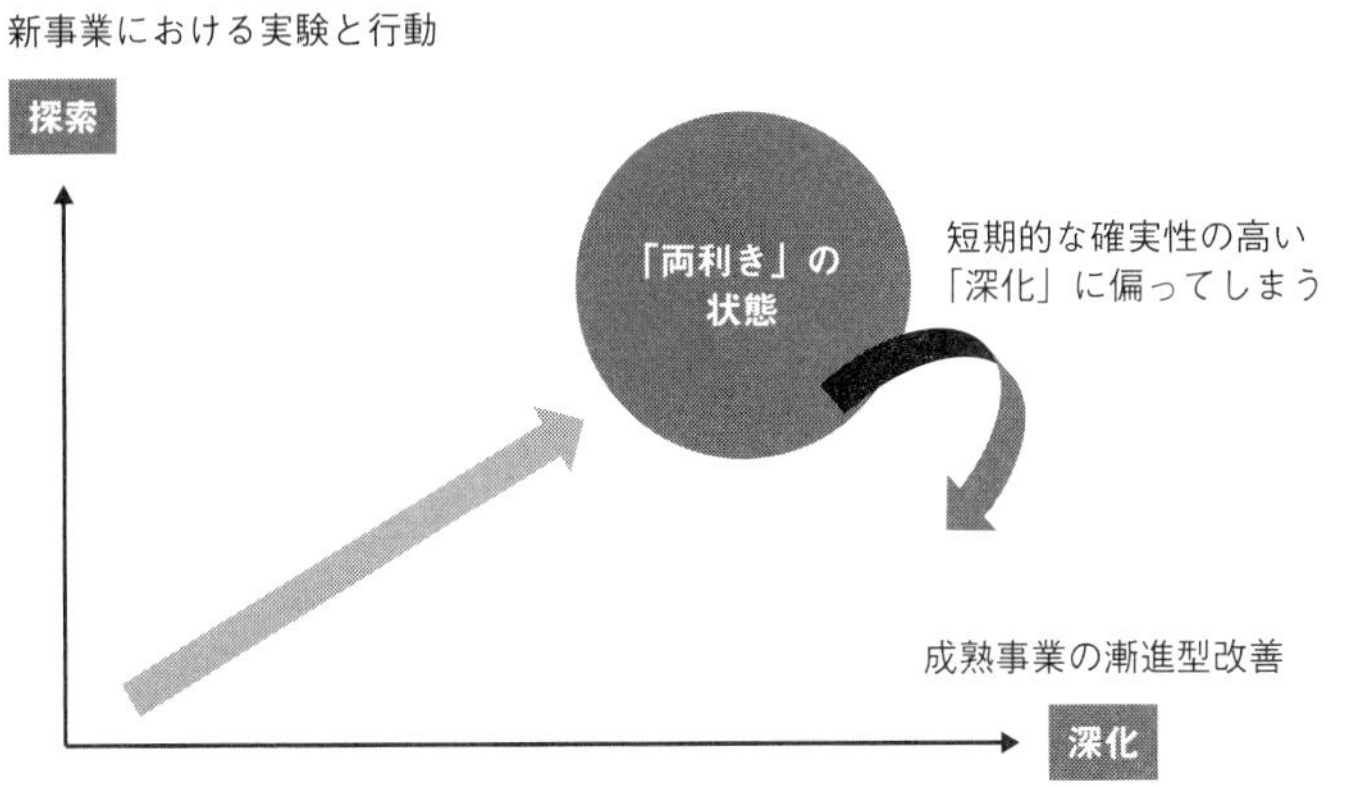

（出所）チャールズ・A・オライリー／マイケル・レ・タッシュマン著、入山 章栄監訳、冨山和彦解説、渡部典子訳『両利きの経営（増補改訂版）―「二兎を追う」戦略が未来を切り拓く』（東洋経済新報社）より作成

しかしながら、後者の「探索」は非効率的であり、成果が出ないリスクも高い。そのため、短期的な成功が確実である「深化」に傾倒してしまう力学が働く。これを「コンピテンシートラップ」と呼んでいる（**図表1-10**）。

日本企業には「コンピテンシートラップ」が生じやすい性質がある。従来の日本企業の強みは製造業を中心としたカイゼン活動だった。

ムリ・ムラ・ムダの3Mを徹底的に排除し、生産現場の効率化を着実に実行していく、まさに「深化」寄りの発想である。このカイゼン活動のDNAはあらゆる業界に染みわたっており、日本企業は無駄や不確実性に対する忌避傾向が強い。

日本企業が「両利きの経営」を実現するためには、もう1つの利き手となる「探索」に力点を置かなければならない。

そもそも、イノベーションとは「新結合」のことである。新結合とは、新しいものの考えや、今まで試したことのない組み合わせによって新たな価値を生み出すことである。**自社の既存事業から離れた領域に勇気をもって飛び出し、「探索」を続けていなければ、組み合わせるべきピースは見つからない**のである。

イノベーションが起きない理由は、このような日本企業の体質や組織文化に起因するところも大きいが、結局のところ、企業とは個人の集合体である。すなわち個人一人ひとりが、「探索」マインドをもたなければ、「両利きの経営」など到底実現できない。それでは、個人の意識変化のために、企業としては何をなすべきなのだろうか。

新たな発想には「人・本・旅」が必要

ライフネット生命保険の創業者で、立命館アジア太平洋大学（APU）の元学長である、出口治明氏は著書『知的生産術』（日本実業出版社）のなかで、次のように述べている。

「生活の基本を『メシ・風呂・寝る』から『人・本・旅』に切り替える必要があると思います。仕事を早く終えて、人に会ったり、本を読んだり、ときには旅したりと脳に刺激を与えないと、画期的なアイデアは生まれないでしょう」

これは、残業だらけで働きすぎの日本人のワークスタイルが新たな発想を阻害しているということを示唆した言葉だが、「両利きの経営」という観点からも重要なことである。既存事業や成熟事業を「深化」させるべく、短期目線で目の前の既存事業の効率化と業務改善に全集中した結果、「探索」に割くべきリソースが切り捨てられ、イノベーションの種となる新たな経験・機会を喪失してしまっている。

こうした状況を打破するためには、一見無駄にみえるけれども新たな気づきや学びを得る機会に対して、組織としても個人としても一定の時間・コストを投資する必要がある。**この投資先として有効なのが、いわずもがな「ワーケーション」なのである。**

ワーケーションとは、いい換えれば「人に会いにいく旅」であり、「①異質な立場の人たちとの協働・対話」「②社会に対する手触り感」「③創造性」といったさまざまな経験を得ることができる（**図表1－11**）。

完全に日常業務から離れてしまえば、人は「深化」を止めることへの不安に駆られてしまうだ

図表1-11　ワーケーション(「人に会いにいく旅」)によって得られる新たな価値

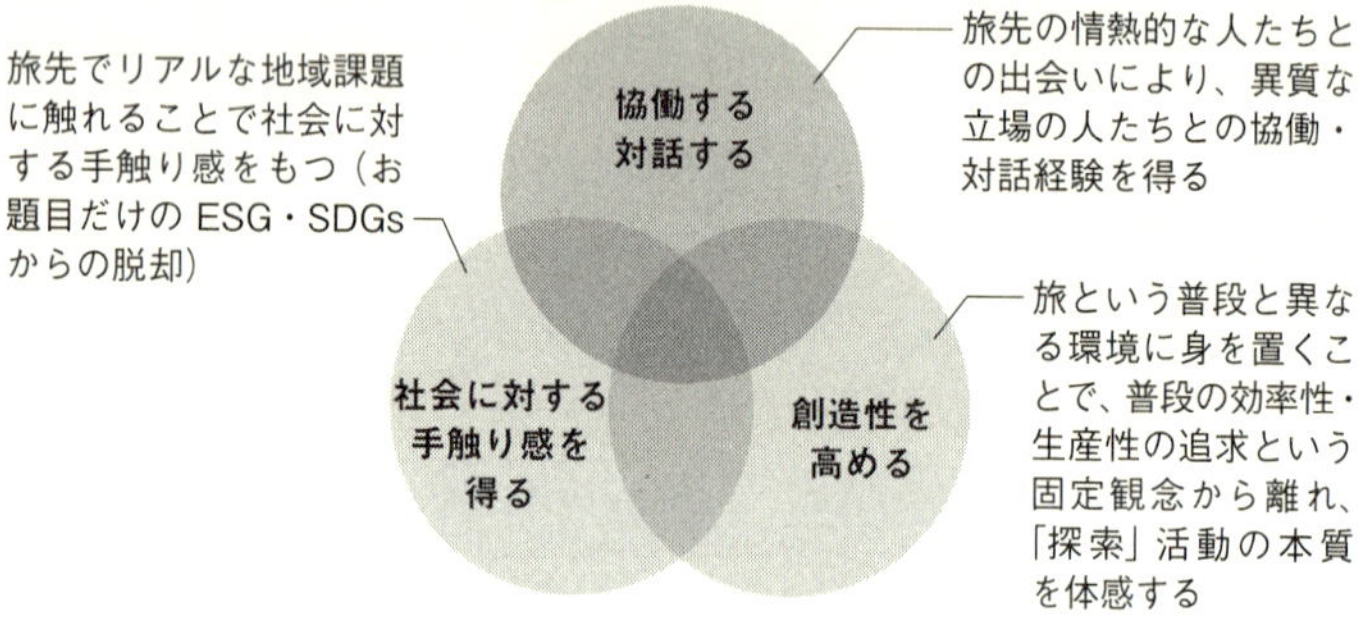
協働する
対話する
社会に対する
手触り感を
得る
創造性を
高める
旅先でリアルな地域課題に触れることで社会に対する手触り感をもつ（お題目だけのESG・SDGsからの脱却）
旅先の情熱的な人たちとの出会いにより、異質な立場の人たちとの協働・対話経験を得る
旅という普段と異なる環境に身を置くことで、普段の効率性・生産性の追求という固定観念から離れ、「探索」活動の本質を体感する

（出所）筆者作成

ろう。しかし、ワーケーションは完全に自身のもっている仕事やミッションを止めるわけではなく、それらを全うしながらも、旅先で新たな気づきや経験を得ようという活動である。まさに「深化」と「探索」をバランスさせようとする「両利きの経営」とは極めて相性がよい。

イノベーション不在に悩む企業には、ぜひ経営陣から率先して「ワーケーション」を実践してもらいたい。「ワーケーション」が当たり前の組織文化として根づくことは、「両利きの経営」を実現するための近道である。

COLUMN 1 ワークスアプリケーションズ

熊本オフィスへの移住・地方創生テレワークの推進

新しい働き方を実践しながら、地方創生や地方ＤＸ人材育成を支援

ワークスアプリケーションズは１９９６年の創業以来、日本発の業務アプリケーションのパッケージソフトウェア会社として、主に国内の大手企業向けに製品・サービスを提供しているＩＴ企業である。

２０２０年からコロナ禍の影響もあってテレワークを推進するようになり、またＢＣＰの観点から首都圏以外の地方オフィスの開設も進めている。２０２１年2月に熊本市に拠点を開設しているが、既存社員の移住や現地採用の拡大により、熊本オフィスの社員数は現在１００名程度ま

図表1-1　ワークスアプリケーションズにおける「熊本オフィス」での取組み

IT-DX人材育成プログラム「熊の穴」	首都圏に比べるとIT人材が少ない熊本エリアにおいて、未経験者のキャリアアップを支援するステップアップ型研修制度。
移住支援	社員の熊本市への移住を支援。全正社員を対象とし、移住者には特別支度金を支給。
副業一部緩和と週休３日４日制	本人の希望で週休３日以上や、所定労働日数の短縮を選択することが可能。副業と組み合わせることで、新しいチャレンジも可能。

（出所）ワークスアプリケーションズ「人的資本レポート“クリップ” 2023年版」より作成

で増えており、東京本社に次ぐ規模にまで急成長している。

この急成長を支えているのが「地元のＩＴ未経験人材の育成・採用の仕組み」と「既存社員の積極的な熊本移住の推進」の２つの取組みだ（**図表1－1**）。

同社はこの２つの取組みが評価され、２０２３年度の地方創生テレワークアワード（内閣府）「離職防止、地方人材の採用・育成、ワーケーション推進」部門において、地方創生担当大臣賞を受賞している先進企業でもある。

地元でＩＴ－ＤＸ人材を育成する独自研修プログラム

熊本エリアにおいて、未経験者のキャリアアップを支援するために整備しているのが、独自のステップアップ型研修制度「熊の穴」プログラムである。入社後半年間、研修と実務を並行して実施し、研修をクリアするとIT人材として必要な知識・スキルが身につく内容になっている。

今や首都圏のIT人材は求人倍率も高く、人手不足状態になっている。**人材獲得競争の主戦場を首都圏から離れて「地域」にあえてずらし、経験者にこだわらずに、育成の仕組みを洗練させるという人材戦略**は他企業においても参考になるだろう。

既存社員の移住支援

同社では地元の未経験人材の採用を拡大するとともに、既存社員の移住支援にも積極的に取り組んでいる。移住者に対しては特別支度金を支給。熊本オフィスでは副業の一部緩和や週休3日4日制という新しい働き方も可能となっている。

2021年2月の開設時には既存社員4名が会社の指示により熊本オフィスに赴任したが、それ以降は既存社員については、本人の移住希望による人材配置がメインとなっている。

また、2022年には内閣府の「地方創生テレワークモデル創出事業」にも参加し、「熊本お試し移住」制度を実施した（**図表1－2**）。テレワーク勤務を導入する企業が増え、地方移住への関心も高まっているものの、実際に移住を決めるには下見など事前の準備が必要になる。そこで

図表1-2　ワークスアプリケーションズにおける「熊本お試し移住」の実証スケジュール

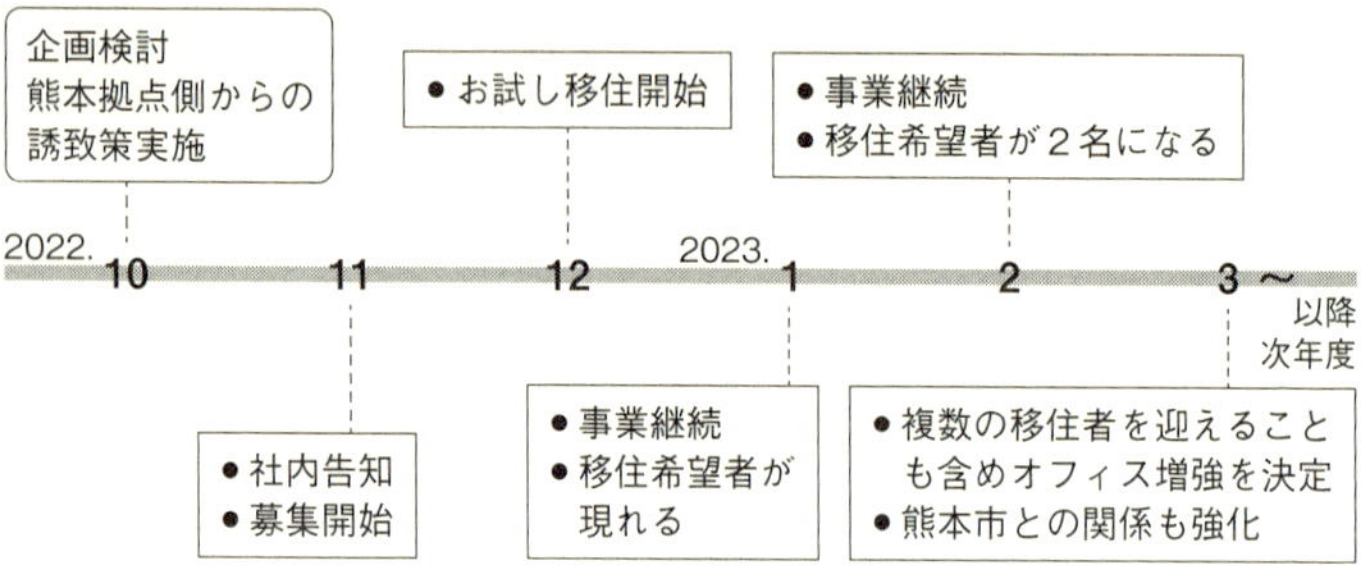

（出所）内閣府「地方創生テレワークモデル創出事業事例集」

「熊本お試し移住」ではワーケーションという形で実際に一定期間住んでみて地域のよさを実感してもらい、本格的な移住につなげるなど、多様な働き方を実現することが目的となっている。

移住促進に関する興味深い社内の動きとして、**熊本に移住した社員らが自主的に社内向けの広報サイトを立ちあげ、熊本の魅力を他拠点の社員に伝える活動が活発化**しているという。広報サイト内では「お試し移住」の際の滞在プラン等も掲載されており、人事部ではなく、地方のオフィス側の従業員が、主体的にワーケーションや移住等の人材誘致を推進していく動きがあることが特徴的である。

同社の事例からは、今後の企業における「転勤」という概念が大きく変わっていく可能性が感じられる。これまでの転勤は、企業側が一方的な人事権の行使で発令をしてきたものだが、近年は転勤に対するネガティブイメージも強く、総合職だからといって転勤に快く同意する社員ばかりではなくなってきているのが現状である。

今後は、自社の拠点がある地方に移住したいと考える社員の確保のために、お試し移住としてワーケーションを活用していくということも有効な施策として考えられるだろう。

【取材協力】
ワークスアプリケーションズ　人事総務本部 本部長　**平山 俊大**氏

第2章

【理論編】

経営人材育成とワーケーション

1　後継者計画（サクセッションプラン）と経営人材育成

後継者計画（サクセッションプラン）とは？

　昨今、コーポレートガバナンスの強化や人的資本経営の推進が要請されるなか、企業における大きな経営イシューとなっているのが「経営人材の育成と後継者計画」である。東証の「コーポレートガバナンス・コード」の補充原則でも「取締役会は、会社の目指すところ（経営理念等）や具体的な経営戦略を踏まえ、最高経営責任者（CEO）等の後継者計画（プランニング）の策定・運用に主体的に関与するとともに、後継者候補の育成が十分な時間と資源をかけて計画的に行われていくよう、適切に監督を行うべきである」との記載がある。

　後継者計画（サクセッションプラン）とは、重要なポジション（キーポジション）をあらかじめ定めておき、そのポジションを担う人材を計画的に育成し、将来の交代に備える営みである。

図表2-1　後継者準備率のモニタリングの例
（三井化学における戦略重要ポジション後継者準備率）

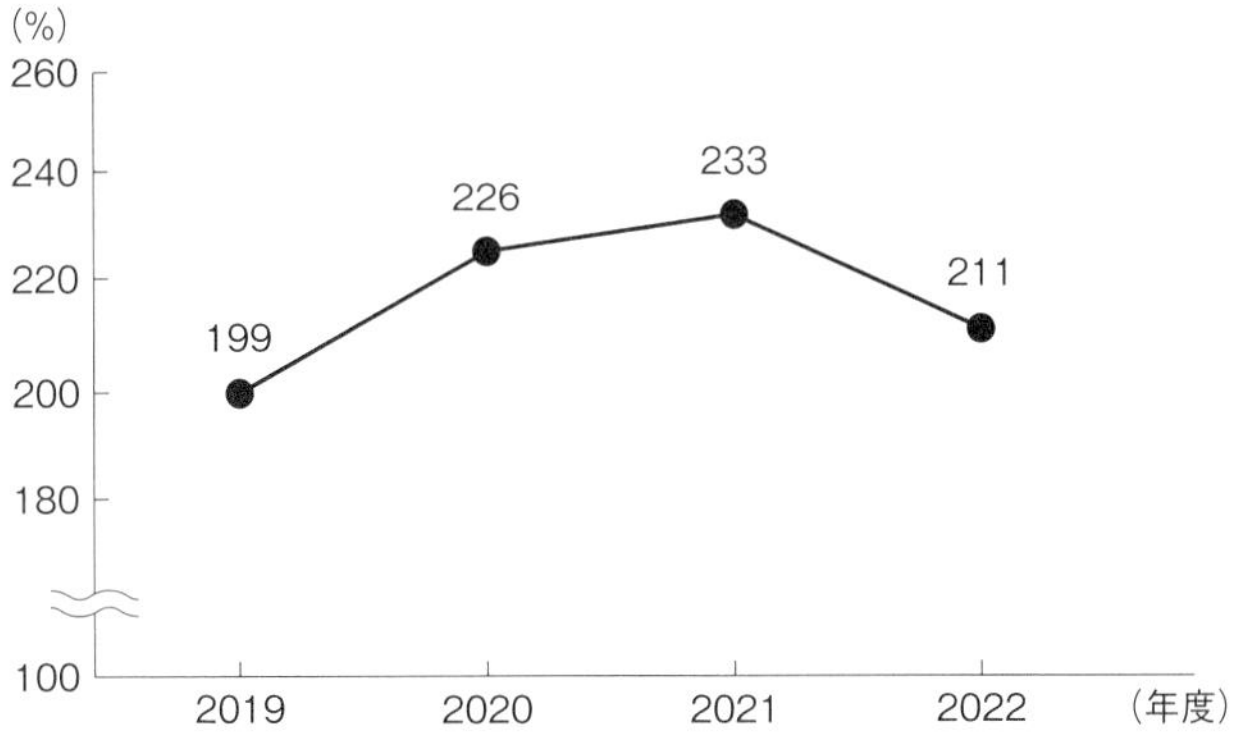

（出所）三井化学ウェブサイト「人材マネジメント　タレントマネジメント」

図表2-2　サクセッションプランの開示状況

項目	社数
サクセッションプランに言及	72
指名委員会の果たした役割記載	25
CEOのスキルセットなど	22
実際のCEO交代	21

（注）日経225に採用されている銘柄188社を対象
（出所）宝印刷D&IR研究所「統合報告書分析レポート　サクセッションプランに関する開示状況」（2022年6月8日）より作成

たとえば、全社戦略を遂行するうえで重要な「戦略重要ポジション」（いわゆるキーポジション）について、十分な後継者候補を確保できているかを「後継者準備率」として数値化し、経年でモニタリングしている例がある（**図表2－1**）。

誰がリーダーとして経営を率いるかというテーマは企業価値を大きく左右するテーマであり、投資家等のステークホルダーの関心は極めて高いものである。一方で、2022年6月に宝印刷D&IR研究所が公表したレポートによれば、統合報告書においてサクセッションプランに言及している企業の割合は約4割であり、まだまだ課題が多い状況である（**図表2－2**）。

ぼやけた経営人材育成

後継者計画と対になる概念が「経営人材育成」であるが、日本企業においては、経営人材とはサラリーマンとしての出世のゴールだと誤解されている節がある。人気漫画の「島耕作」シリーズでは主人公が課長、部長、取締役、常務、専務、社長、会長へと出世していくのだが、まさにその世界観が実際の日本社会にも強く根づいており、中間管理職から経営人材への転身は連続的な成長によって実現できると考えられているようだ。

メンバーシップ型の日本企業では、実際に新卒生え抜きの人材が経営人材までのぼりつめるということが美談として語られることが多い。

日本企業がよい人材を育てて、その人材に見合うポジションを準備する「適材適所」型であるのに対して、グローバルスタンダードは「適所適材」、つまり先にポジションを定めて、そこに対して必要な人材をアサインするという発想である。後継者計画は後者の適所適材の考え方に立脚するものであり、前述のとおり先にキーポジションを定めたうえで、そこに対して必要な人材要件を定義する。

課長に求められる要素と、取締役等の経営人材に求められる要素は全く異なるものである。したがって本来は、経営人材育成とは、課長・部長等の管理職育成とは非連続なものであるにもかかわらず、適材適所の発想から抜け出せない日本企業は、その両者を混同しているきらいがある。

筆者が上場企業の後継者計画の策定をコンサルティングした際、ＣＥＯから「今の執行役員・部長層は、営業や製造といった特定の部門・機能を任せるぶんには十分な成果が出せる。しかしながら、自分の後継者にはなりえない。たとえば、経団連の会合に出て、業界全体の未来について語ることは難しいだろうし、投資家や株主とＥＳＧやＳＤＧｓ等のグローバルイシューについて議論するには力不足だ」という話を聞いた経験があるが、まさにこれが管理職と経営人材が非連続であることを示す象徴的な意見といえるだろう。

詳しくは後ほどでも解説したいと思うが、**経営人材が、価値を発揮すべきステークホルダーの**

数は従業員時代とは比べものにならないほど多く、多様であり、これまでとは全く異なる視点・視野・視座を獲得しなければならない。既存の人材育成型のワーケーションプログラムをみると、経営人材育成と銘打ちながら、こういった後継者計画や経営人材育成に関する基礎的な知見がないまま、プログラム提供をしている地域も残念ながら散見される。

本章では後継者計画や経営人材育成の解像度を高めながら、ワーケーションがいかにしてそれらの処方箋になりうるのか、という点を解説したい。

2 後継者計画策定・経営人材育成のプロセス

キーポジション特定が最初の関門

後継者計画を策定するプロセスは、大きく次の4つである。このプロセスが1つでも欠けてい

図表2-3　後継者計画の策定プロセス

プロセス	具体的なアクション	キーワード
① 後継者計画の対象とするキーポジションの特定	中長期の経営戦略を踏まえた経営体制のイメージング 中長期の経営戦略を踏まえたキーポジションの特定	● 適「材」適所から適「所」適材 ● CxO体制
② キーポジションの要件定義	キーポジションの要件定義の策定	● 責任定義
③ パイプライン管理のためのタレントプールデザイン	タレントプールに加入させる人材の選抜 キーポジションにおける「レディネス・ステータス」の可視化	● Ready-Next-Future
④ 後継者計画運用のための経営人材育成計画	具体的な経営人材育成計画の策定・実施 経営人材育成計画の振り返りと改善	● タフアサインメント ● 次世代リーダー育成プログラム

(注) タフアサインメント：ハードルの高い課題や仕事を割りあてて対象者の成長を促す人材育成手法
(出所) 筆者作成

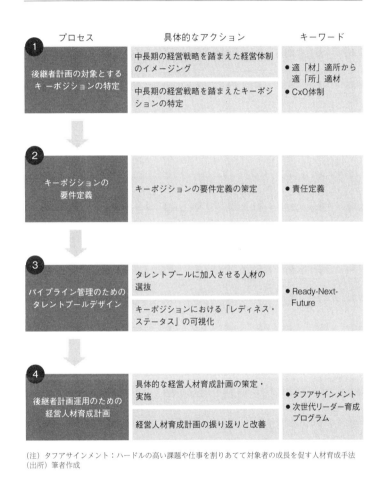

ると、後継者計画はうまく機能しない（**図表2－3**）。

①　後継者計画の対象とするキーポジションの特定
②　キーポジションの要件定義
③　パイプライン管理のためのタレントプールデザイン
④　後継者計画運用のための経営人材育成計画

まず、多くの日本企業は①のキーポジションの特定でつまずくことが多い。キーポジションを特定するということは、裏を返せば、キーではないポジションを決めるということと同義である。後継者計画のコンサルティングをしていると、日本企業では「わが社はあらゆるポジションが経営において重要度が高い」と10個も20個もキーポジションに設定しようとする傾向がある。

しかしながら、**キーポジションは一般的な上場企業であれば、せいぜい3個から5個程度を運用するだけでも、極めてその負荷は高い。**企業経営と同様に、キーポジションにも思い切った「選択と集中」が必要だ。

また、現在の経営体制だけを前提にキーポジションを設計してしまうということも場合によっては誤りとなる。後継者計画は、企業経営の未来に向けた取組みである。中長期の経営戦略をイ

図表2-4　キーポジションの要件定義

責任定義	責任範囲および取り組むべき課題	● 当該キーポジションに求められる役割と責任を定義する ● 役割・責任の遂行時に顕在化するであろう課題を抽出する
人材要件定義	a スキル	● 当該ポジションにおいて成果を創出するために必要なスキル要件を定義する
	b コンピテンシー・マインドセット	● 経営人材として必要なコンピテンシーやマインドセットについて定義する
	c 具体的経験	● 当該ポジションの責任を全うするために必要な自社内における具体的経験を定義する

（出所）筆者作成

メージしたうえで自社における将来のキーポジションを特定していく必要がある。たとえば、中期経営計画にデジタル化の推進を掲げているのであれば、CTO（チーフ・テクノロジー・オフィサー）やCDO（チーフ・デジタル・オフィサー）等の既存の経営体制にはないポジションが、後継者計画策定におけるキーポジションになることもある。

キーポジションを要件定義する

キーポジションの特定が完了したら、今度はそのキーポジションに対する要件定義を実施する。

ここでいう要件定義とは、そのポジションはそもそも何を期待役割・責任とするのかという「責任定義」と、そのポジションに求められる「人材要件定義」から構成される（図表2－4）。

人材要件定義はさらに「スキル」「コンピテンシー・マインドセット」「具体的経験」に細分化される。

細かな人材要件定義の方法については専門書に譲るとして、ワーケーションプログラムを有効に経営人材育成に取り入れるためには、人材要件定義のなかでも、特に「コンピテンシー・マインドセット」を明確化しておくことが重要だ。「スキル」と「具体的経験」はキーポジションごとに大きく異なってくるが、「コンピテンシー・マインドセット」は自社の経営陣として備えておくべき共通要素が多くなることが一般的である。

パイプライン管理のためのタレントプールデザイン

経営人材育成のための次のステップは、タレントプールのデザインである。図表2－5のように、設定したキーポジションを頂点として、その後継者を途切れさせることなく、パイプラインで管理していくという発想だ。その後継者の供給源となるのが「タレントプール」である。

全員に等しく人材育成の機会を与えるという思想が染みついている日本企業にはなじみづらい考え方かもしれないが、このタレントプールにどのような人材を入れるかを意思決定し、そこに

図表2-5　パイプライン管理とタレントプール

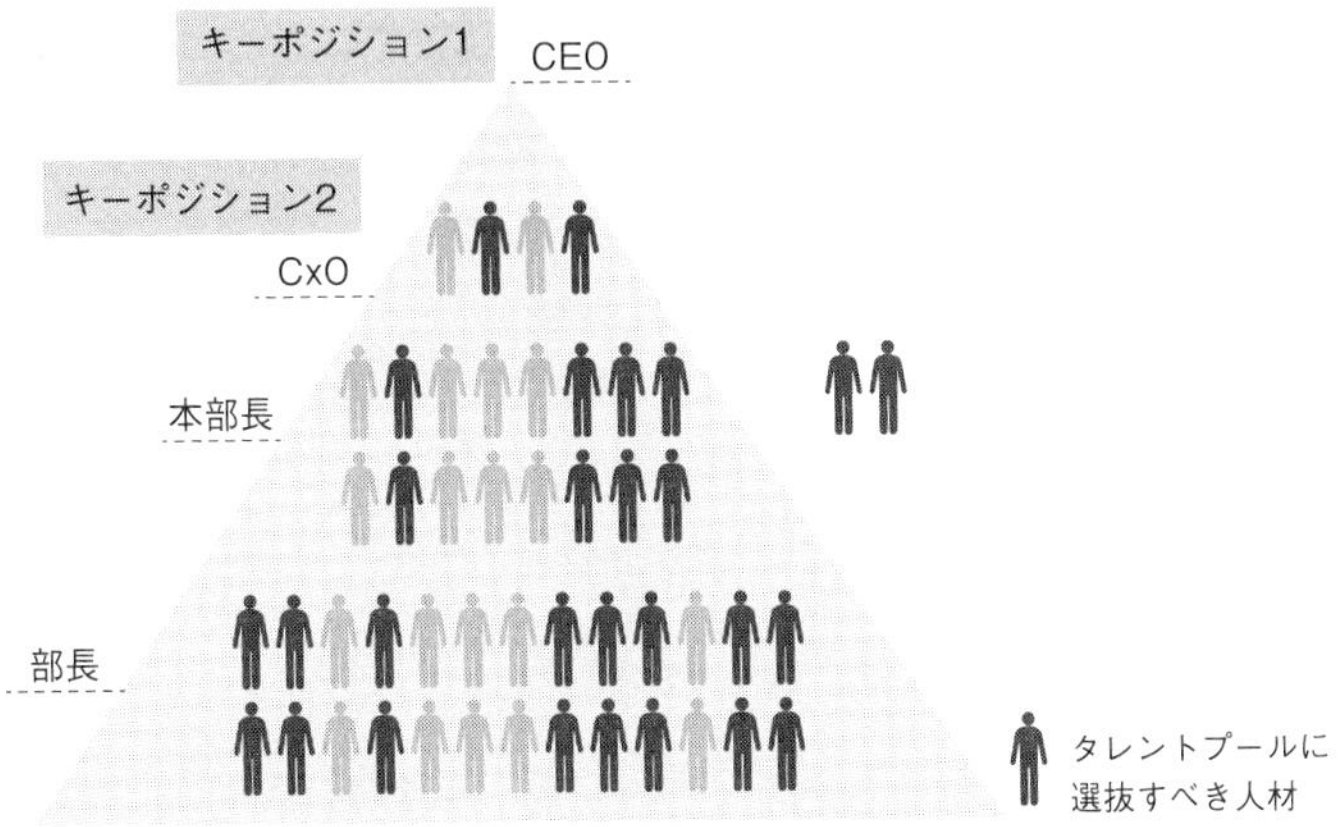

（出所）筆者作成

図表2-6　「レディネス・ステータス」の可視化

Ready	●現職者が退任した場合に、速やかに後継者としてアサインができる人材層 ●この層に1人もいない場合は、サクセッションプラン上のリスクが非常に高い状態 ●一方で、当該Ready人材は既に他の重責ポジションを担っている可能性が高いため、玉突き人事が発生する可能性が高い
Next	●3～5年程度の育成期間を経れば、キーポジションへの登用が可能な人材層 ●サクセッション策定においてはNext人材の層を厚くしていくことが極めて重要となる
Future	●キーポジションへ登用するには、5年以上の育成期間を経る必要がある人材層 ●Next人材が現状果たしているポジションのサクセッション人材としても活躍

（注）レディネス・ステータス：タレントプールごとのキーポジションに対する準備度区分
（出所）筆者作成

経営人材育成のためのさまざまなリソースを集中投下していくことになる。

通常、タレントプールはキーポジションごとに1つではなく、「Ready」「Next」「Future」のようにステータスを区分して運用されることが多い（**図表2－6**）。

ここまでできてようやく、「後継者計画運用のための経営人材育成計画」という最後のプロセスに移行することができる。**ここに至るまでのステップを飛ばして、「経営人材育成のためにどんな研修や機会を提供すべきか」とコンテンツ思考で取り組んでしまう企業も少なくないが、それこそが「ぼやけた経営人材育成」の最大の原因である。**一見遠回りのようにみえるかもしれないが、企業の行く末を左右する「経営人材の育成」というテーマであるからこそ、辛抱強く丁寧にプロセスを踏むことが重要だ。

3 経営人材に求められる視点・視野・視座

キーポジションの要件定義や実際の経営人材育成のプログラム策定の際には、「視点・視野・視

図表２－７　経営人材の育成に必要な３つの変化

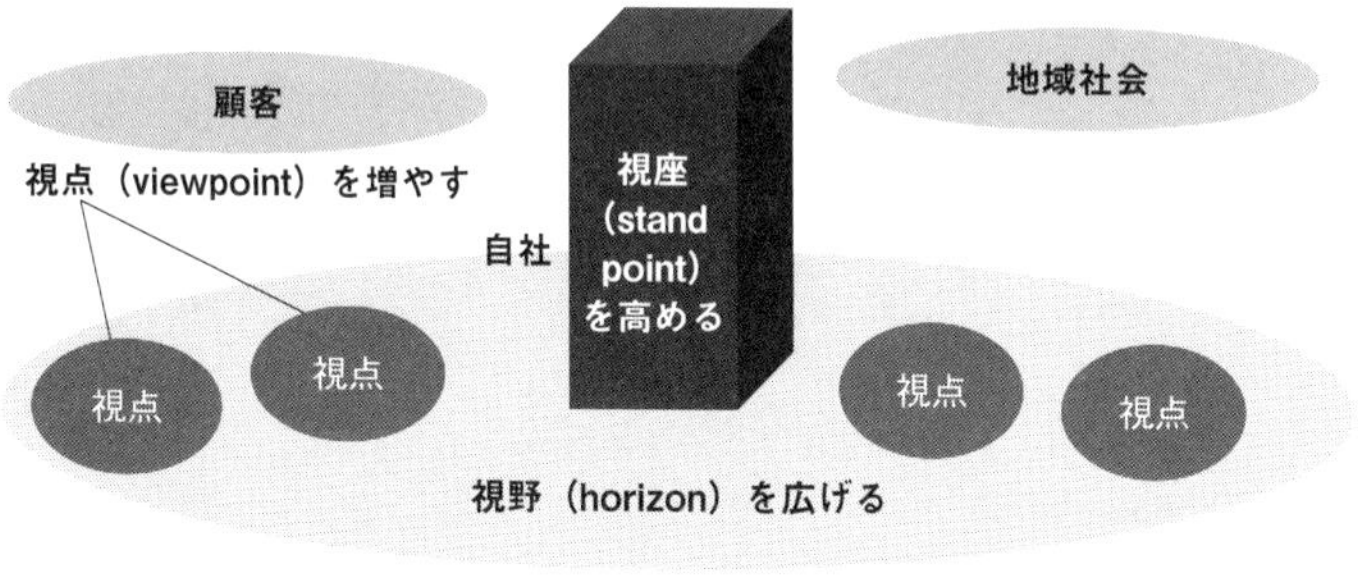

（出所）筆者作成

図表２－８　「視点・視野・視座」と具体的な人材育成施策

カテゴリ	WHAT	HOW
視点（viewpoint）を増やす	経営状態を複数の要素で捉えるための専門能力や概念・フレームワークの習得 （例） ● 売上至上主義からROE経営へ ● 財務指標と非財務指標の両面化	● 従来型のジョブローテーションによる複数部署の経験 ● MBA等の研修派遣プログラム
視野（horizon）を広げる	中長期的な目線で経営を"見通す力"を獲得する （例） ● 短期的な経営目線から中長期の目線へ ● 成果を性急に求めすぎない投資志向	● 中期経営計画策定への参画 ● 取締役会、経営会議へのオブザーブ
視座（standpoint）を高める	社内外の多様なステークホルダーの立場を理解し、自社最適ではなく、社会全体という高い視座を獲得 （例） ● SDGs、ESG、人権等への真摯な対応	● 価値観や立場が異なる多様なステークホルダーとの協働経験（越境学習） ● SDGs、ESG、人権等のリアルな課題との接点構築 ワーケーションの得意領域

（出所）筆者作成

座」というフレームワークを活用することを筆者は推奨している。**経営人材へと成長していくためには「視点（viewpoint）を増やす」、「視野（horizon）を広げる」、「視座（standpoint）を高める」という3つの要素が必要不可欠**である（**図表2－7**）。

「視点を増やす」とは、自社の経営状態を複数の要素で捉えるための専門能力や概念・フレームワークを習得していくことである。たとえば、ジョブローテーションにより多数の部署での経験を活かして営業、製造・品質管理、財務等の多様な視点から物事を捉えるというイメージである。企業価値についても財務指標と非財務指標の両面が重視されてきているように、経営人材は1つの偏った視点ではなく、多面的に物事を捉えることが求められる。新たな視点の獲得は、MBA等の研修派遣プログラムへの参加を通じて経営管理に関するハードスキルを学ぶ機会をつくる、計画的なジョブローテーションを実施する等の人材育成施策の展開により実現される。

次の「視野を広げる」とは、中長期的な目線で経営を〝見通す力〟を獲得するという意味である。担当者や中間管理職の立場では、月次、四半期、半期等の比較的短期のスパンで成果を創出することを求められるが、経営人材はそれよりも時間軸の長いスパンで物事を考えなければならない。こうした思考の時間軸の拡張は、中期経営計画の策定に管理職時代から積極的に参画させる、あるいは取締役会や経営会議にオブザーブとして参加させて、現任の経営陣がどういうスパンで経営をモニタリングしているかといったことを学ばせることが有効だ。

最後の「視座を高める」とは、社内外の多様なステークホルダーの立場を理解し、自社最適ではなく、社会全体の最適化という高い視座を獲得していくことを指す。**このプロセスには、価値観や立場が異なる多様なステークホルダーとの協働経験（越境学習）や、SDGs、ESG、人権等のリアルな課題との接点構築が有効な取組みであるが、まさにここがワーケーションの得意領域である。**

以上の3つの要素を整理したものが、**図表2－8**である。「最近、越境学習が流行っているから」「SDGs、ESGが社会的なトレンドだから」等と比較的漠然とした状態でワーケーションプログラムの導入を経営に提案したが却下されたという例は枚挙にいとまがない。そのような場合には、ぜひ**図表2－8**を活用し、ワーケーションが経営人材育成のどの部分に有効に作用するのかという構造・体系まで提案してもらえれば、経営陣の納得感も醸成されやすいのではないかと考える。

4 ワーケーションでトライセクター・リーダーを育成する

社会問題に対する「手触り感」をもつ

ワーケーションは特に「視座を高める」ことに有効であることは先ほど述べたとおりだが、それはどういうメカニズムなのだろうか。視座を高めるために必要な要素は、「社会の問題に対する手触り感」と「多様なステークホルダーとの協働体験」である。

ＳＤＧｓやＥＳＧ等のテーマはさまざまなシンポジウムやセミナーでも解説されているし、スーツにＳＤＧｓのピンバッジを企業ＰＲの一環として身につけている方も多い。ただ、多くの都市部のビジネスパーソンにとっては単なるお題目で、現実味がないテーマになってしまっていることも事実ではないだろうか。

筆者が大企業の管理職層と話をしていても、「サステナブルのテーマは、自社が単独で積極的に取り組むテーマではなく、業界全体として横並びで考えるべきこと。先に動きすぎては損をする。まずは業界全体の動きを待ちたい」と日和見主義のスタンスをとっている会社も多い。これはサステナブルというテーマにおいても、いまだ自社最適の視座から抜け出せていないということだ。

何もこれは大企業の管理職だけが悪いということではない。さまざまなリソースが豊富にある都市部の大企業で働くビジネスパーソンにとって、自社という枠組みを超えて「社会課題」に対する解像度をあげるというのは困難なことである。

一方、地方に目線を移すと、その状況は全く異なる。たとえば人口減に悩む地域では、そこに歯止めをかけなければ本当にその地域が消滅してしまうという、社会課題に対するリアリティがある。また、1次産業が豊かな地域では、環境問題に対する距離感も自ずと近くなる。

筆者は中央省庁から基礎自治体まで、さまざまな公務員の方とも仕事を一緒にしてきたが、基礎自治体の地域に対する危機意識は極めて高い。民間企業においてもそれは同じで、地域に根差している企業は、自社だけが他を出し抜いて競争に打ち勝ったとしても、その地域の経済そのものがシュリンクすれば立ち行かなくなる。そのため、地域全体の課題をどう解決していけばよいか、という視座の高まりが自然と生じやすい。

経営人材育成のためのワーケーションプログラムでは、こうした地域が抱える課題を実際に現地に赴いて体感し、自らの力で解決案の策定を試みることで参加者の視座を高める効果がある。プログラム設計時やワーケーション先の地域の選定時に重要なのは、「ローカルイノベーター」の存在である。

ローカルイノベーターとは、地域の課題解決に向けて真剣に取り組む変革人材のことだが、地域の企業であったり、自治体やＮＰＯの職員であったりと、そのバックグラウンドはさまざまである。

ローカルイノベーターは、自らが住む地域をよりよくしたいという情熱あふれるリーダーであり、こうしたローカルイノベーターの思いに触れることは、経営人材候補者の視座を高めることにつながる。そして地域全体が直面している課題に対して、ローカルイノベーターと対話しながら一緒に考えていくプロセスを通じて、徐々に地域の問題・課題が経営人材候補者にとって手触り感を帯びてくるのだ。

多様なステークホルダーとの協働体験

視座を高めるためのもう1つの要素は「多様なステークホルダーとの協働体験」である。自社最適思考から抜け出し、社会全体の課題を俯瞰《ふかん》的に捉えるためには、企業ではない、全く他の立

図表2-9　トライセクター・リーダーとは

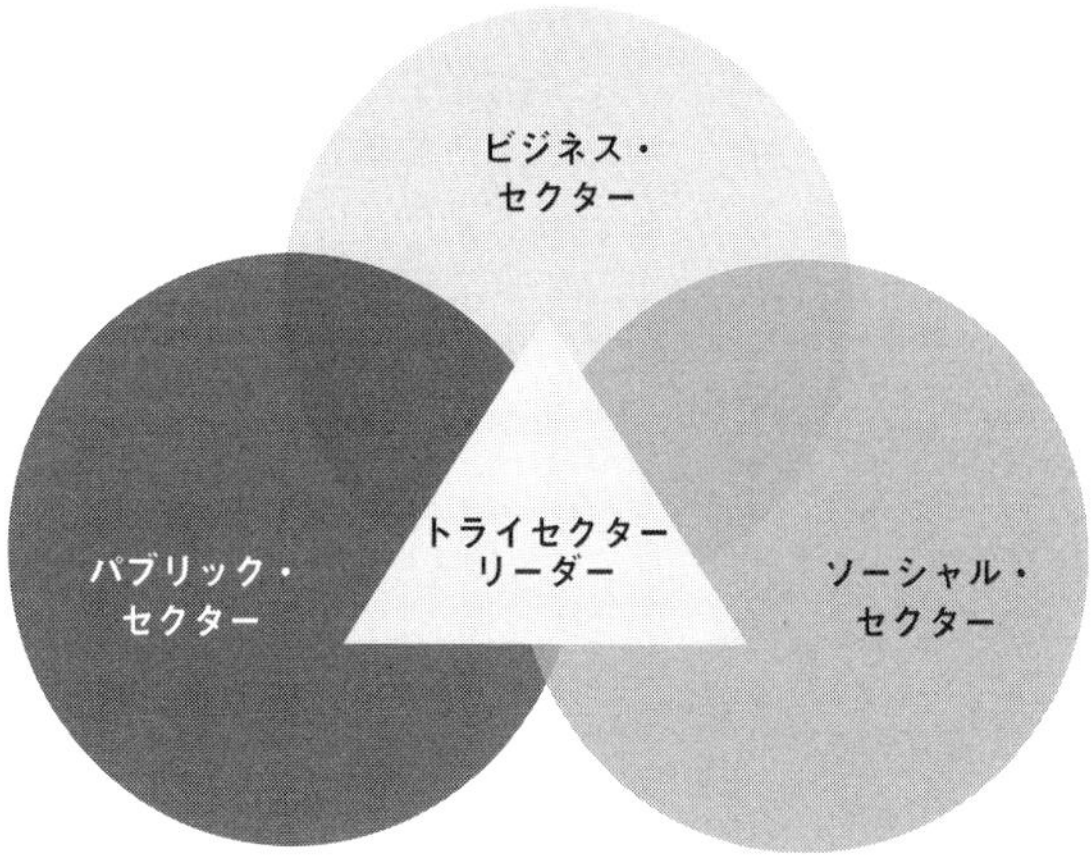

（出所）筆者作成

場における「ものの見方」を養う必要がある。

少し古いが、2014年の「ハーバードビジネスレビュー」において「トライセクター・リーダー」という新たなリーダー像が特集された。

「トライセクター・リーダー」とは、環境資源不足等の普遍的な問題の解決に際して、パブリック・セクター（政府・行政）、ビジネス・セクター（企業・産業界）、ソーシャル・セクター（NPO・市民社会等）間の垣根を越えて活躍する人材を指す（図表2-9）。

ハーバードビジネスレビューの特集内では「トライセクター・リーダー」に共通する6つの特徴が次のように紹

介されている。

特徴①：理想と実利をともに追求する
特徴②：無関係にみえる状況の類似性を見抜く
特徴③：状況判断力に優れている
特徴④：知的専門性を高める
特徴⑤：セクター横断的な人脈を築く
特徴⑥：心構えを忘れない（慣れ親しんだキャリアから大きく逸れたり、それに伴うリスクをとったりする覚悟と意欲をもつ）

いずれも、これからの経営人材が兼ね備えておくべきコンピテンシーそのものではないだろうか。そうはいっても、いきなり民間企業の経営人材育成を検討する場面で「これからはトライセクター・リーダーの育成こそが重要だ」と声高に叫んだとしても、それを決裁する経営陣にはイメージが湧かないだろう。そのような場合には、トライセクター・リーダーのもつ「高度なリーダーシップ」について焦点をあてて、経営陣に対して説明をしてみてほしい。

「高度なリーダーシップ」とは、行動原理や価値規範が異なる人材を、１つのビジョンでうまく統合しながら価値を創出していく営みのことである。

「ビジネス・セクター」は売上高や利潤を最大化させなければならず、常に資本市場からの成長のプレッシャーに直面している。「パブリック・セクター」は政治という複雑性に対峙しているし、「ソーシャル・セクター」は効率や経済的成長よりも理念やミッションの実現を重んじる。トライセクター・リーダーとは、このように異なる行動原理や価値規範で動くセクター間を、社会課題の解決という1つのビジョンに「この指とまれ」を促しながら、大きな価値創造や変革を牽引していく存在だ。

ビジネス・セクターの内部、もはや単一企業の内部でさえ、多様化する価値観を統合することに苦慮するリーダーが多いなかで、「高度なリーダーシップ」をもち異なるセクター間を自由に往来するトライセクター・リーダーはとても魅力的に映るはずだ。

トライセクター・リーダーの育成とワーケーション

感度の高い企業では、既に出向等を通じた官民連携や、NPOへのプロボノ推進等を人事施策として実施し、セクター間をまたぐ人材の育成に取り組んでいる。ただ、どれも一定のコストや期間を要するものであり、トライセクター・リーダーの育成にまだ懐疑的な組織においては実施が難しいかもしれない。

このような企業では、まずは地域課題解決型のワーケーションプログラムで、異なるセクターとの協働体験をアレンジするのがよい。**ローカルイノベーターとの対話を通じて手触り感を獲得した地域の課題に対して、パブリック・セクターやソーシャル・セクターの職員と一緒にその課題解決を図るプログラムだ。**できれば、自社のもつリソースやノウハウを活かして、実際の解決策まで実装できるような内容だと非常に効果的だ。

通常、経営人材の育成プログラムは、1~3年程度の長期間で設定されていることが一般的だが、その期間に合わせていわゆる「プロジェクト・ベースド・ラーニング（ＰＢＬ）型」で実施することも考えられる。ＰＢＬとは、実際の課題を自ら探究し、その課題解決の過程を通じて、さまざまな能力や資質を養うというアクティブ・ラーニングの手法の1つである。

ぜひ本書で紹介しているさまざまな事例も参考にしながら、ワーケーションを活用した経営人材の育成に取り組んでもらいたい。

COLUMN 2 南紀白浜エアポート

ワーケーションの聖地・南紀白浜における リーダーとしての視座を高める 越境体験プログラム

企業型ワーケーションのパイオニア

国内有数のリゾート地としても有名な南紀白浜（和歌山県）では、他地域に先駆けてワーケーションの受け入れに積極的に取り組んできた。世界レベルの観光資源と首都圏からのアクセスのよさ（羽田空港から約1時間）、ワークプレイス環境を揃えた、まさにワーケーションの聖地であり、その魅力に引かれてリピーターとなっているビジネスパーソンも多い（まさに筆者もその1人である）。

▼南紀白浜での企業課題解決型ワーケーション

特に企業課題解決型のワーケーションの先進地域（**写真**）としてさまざまなメディアでも取りあげられているが、その立役者が南紀白浜エアポートの誘客・地域活性化室長である森重良太氏だ。

直近5年間で200社、累計3000件超のコーディネート実績を有する森重氏は、「われわれが提供するワーケーション体験は、いわゆる世間一般がイメージする観光とテレワークを主としたワーケーションとは大きく異なる」と説明する。南紀白浜が提供するワーケーションは「越境体験による個人・企業の変革ツール」であり、和歌山ならではの生きた地域課題や人に直接触れることで、都市部では得ることができない学びの機会を提供しているのだ。

「しびれる意思決定」と「リアルに組織を動かすこと」を体感

同社が提供するワーケーションプログラムのテーマは、人的資本経営、ＤＸ、地域課題、パーパス、ダイバーシティ、健康経営と非常に多岐にわたる（図表2－1）。

特に次世代リーダーの育成にあたっては「決めること」と「動かすこと」の体感が重要であると森重氏は語る。リーダーの役割は意思決定を行うことにあるが、**全員が賛同あるいは反対するようなイシューであれば、そもそもリーダーの意思決定は必要ない。正解がないテーマに対してどの結論を出したとしてもどこかで痛みを伴う、まさに究極の選択を迫られる修羅場を経験することが大切だ。**そして、その意思決定の結果を組織に腹落ちさせて動かさなければ意味がない。

南紀白浜が提供するワーケーションプログラムには、まさにこのような「しびれる意思決定」と「リアルに組織を動かすこと」を体感するための仕掛けが随所に盛り込まれている。

実際にＮＥＣグループ等をはじめ、多くの企業がこうしたワーケーションプログラムをリーダー育成の機会として活用している。次世代リーダーの育成に頭を悩ませる企業も多いが、残念ながら企業内の既存事業にアサインしているだけでは、リーダーとしてのマインドセットは育たない。既存事業を円滑にマネジメントできることと、経営トップとして未知の課題に対して意思

図表2-1　南紀白浜でのワーケーションプログラムの例

① 人的資本経営の本質と実践 日本におけるワーケーション発祥の地で聖地である南紀白浜で先進企業の働き方やオフィス環境を視察&意見交換しながら人的資本経営の本質について考える	② DXの思考法とリアルな実装法 IoTの聖地である南紀白浜で、顔認証による地域DXや空港DX・農業DX・漁業DXなどのIoT実装を体感して、DXのリアルな起こし方や先進技術活用の本質を考える
③地域課題解決ビジネスの実戦 社会課題の宝庫である和歌山で、若手ローカル事業家と生きた地域課題をリアルビジネスで解決する実戦型の価値共創ケーススタディ	④ パーパスの腹落ちとキャリア構築 過去・現在・未来を振り返る「甦りの聖地」である世界遺産「熊野古道」を舞台に、企業パーパスの自分事化と個人パーパスの腹落ち
⑤ ダイバーシティ×しびれる意思決定 日本遺産の捕鯨文化を舞台に、是か非か正解のない問い・答えに対して多様な生きたファクトに触れながらしびれる意思決定と人を動かすリーダーシップを深める	⑥ 健康経営・ウェルビーイング 「自然崇拝の聖地」である世界遺産の熊野古道を舞台に、心身＋社会的なウェルビーイングを高めるリトリートを通じて日常的に高パフォーマンスを発揮する健康経営を推進する

（出所）南紀白浜エアポート

決定できるというレイヤーには大きな隔たりがある。本章でも経営者としての「視点・視野・視座」について解説したが、南紀白浜のワーケーションは越境体験を通じて経営者としての「視座」を高めるプログラムである。

ワーケーションの成否はコーディネーター次第

先ほど紹介したプログラムはあくまで一例であり、ワーケーションコーディネーターである森重氏が企業目線で課題をヒアリングし、オーダーメイドでプログラム開発を行っ

図表2-2　ワーケーションコーディネーターの役割

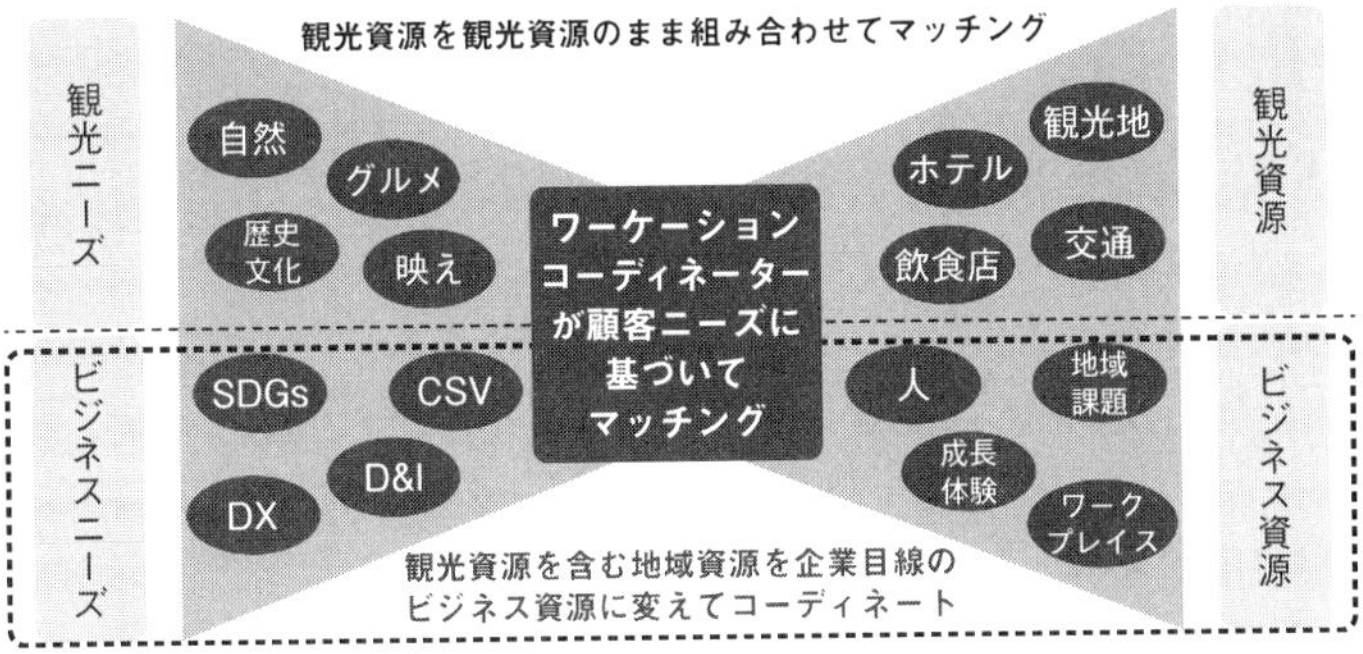

（出所）南紀白浜エアポート

ている。南紀白浜のワーケーションの特徴はまさにこのコーディネート力にある。

観光をベースにしたワーケーション地域では、観光分野に近しい人がコーディネートを担当するため、企業のニーズを深掘りせずに観光資源をそのまま企業に対してマッチングしてしまいがちである。一方で、**企業課題に精通したコーディネーターであれば、まずビジネスニーズや都市部では解決困難な固有課題に着目して、そこに観光資源を含めたさまざまな地域資源を組み合わせたソリューションを提供してくれる**（図表2-2）。本書で提唱している「経営戦略としてのワーケーション」の成否はまさにこのコーディネーターの力量によって決まるといっても過言ではない。

南紀白浜では、リーダー育成以外にも健康経営やダイバーシティ、SDGs等の多様な経営課題に対応しうるワーケーションプログラムを提供している。特に近年では若手社員のリテンションやシニア人材のセカンドキャリアに関するプログラムの依頼が増えているという。自社の経営課題に対してワーケーションがどのような処方箋になるのか、その解像度をあげたい場合には、ぜひ南紀白浜エアポートの森重氏に相談してみてほしい。

【取材協力】
南紀白浜エアポート　誘客・地域活性化室 室長　**森重　良太**氏

第3章

【理論編】

エンゲージメント向上とワーケーション

1 エンゲージメント後進国、ニッポン

人材版伊藤レポート2・0でもエンゲージメント向上が重要視

企業における人手不足感や若年層の離職率の高まりも相まって、企業の人事部門においては社員のエンゲージメント向上が一大テーマとなっている。エンゲージメントの正確な定義は後ほど紹介するが、まずここでは、従業員が会社の方向性に共感して、会社に貢献したいと思う意欲、いわば企業としての「求心力」を意味する言葉として捉えてほしい。

経済産業省が2022年5月に公表した「人的資本経営の実現に向けた検討会報告書（人材版伊藤レポート2・0）」では、「社員エンゲージメントを高めるための取組」について次のように言及されている。

「経営戦略の実現に向けて、社員が能力を十分に発揮するためには、社員がやりがいや働きがいを感じ、主体的に業務に取り組むことができる環境の整備が重要である。その際、企業の理念、存在意義及び文化の浸透度合いから、ダイバーシティ&インクルージョンの達成状況に至るまで、様々な要素が複合的に関係するため、取組と検証を繰り返していくことが期待される」

「人材版伊藤レポート2・0」では、エンゲージメントは、経営戦略を実現するためのキーファクターとして定義されている。「人材版伊藤レポート2・0」において、企業が最初に取り組むべきとされているエンゲージメントに関するアクションは次のとおりである。

①　社員のエンゲージメントレベルの把握

●CEO・CHROは、中期的な組織力の維持・向上を目指し、自社にとって重要なエンゲージメント項目を整理し、社員のエンゲージメントレベルを定期的に把握する。

②　エンゲージメントレベルに応じたストレッチアサインメント

●CEO・CHROは、エンゲージメントレベルが高い社員に対して、社員のキャリアプランと会社のニーズを一致させる形で、成長に資するアサインメントを提案することで、エンゲージメントの更なる向上につなげる。
● また、エンゲージメントレベルが高くない社員に対して、キャリア上の意向を確認し、より適したアサインメントの提案を行うことで、組織の成果を高めながら、エンゲージメントの向上を狙うことも可能となる。

つまり、エンゲージメントの高低で区分したうえで、それぞれに最適な打ち手を講じなさいということなのであるが、それでは、日本においてはエンゲージメントが高い従業員はどれくらいいるのだろうか。

熱意ある従業員は20人に1人

エンゲージメントに関する有名な調査の1つに、アメリカのギャラップ社の「State of the Global Workplace」（グローバル職場環境調査）がある。同調査では、世界各国の従業員のエンゲージメントのレベルを3段階に区分してカテゴライズして集計している。

同社の2021年版のレポートによれば、日本ではエンゲージメントされている従業員の割合はわずか5%にとどまっている。 5%という数値はグローバル平均の20%を大きく下回り、世界

図表3－1　従業員のエンゲージメントの国際比較
――熱意ある社員は5%

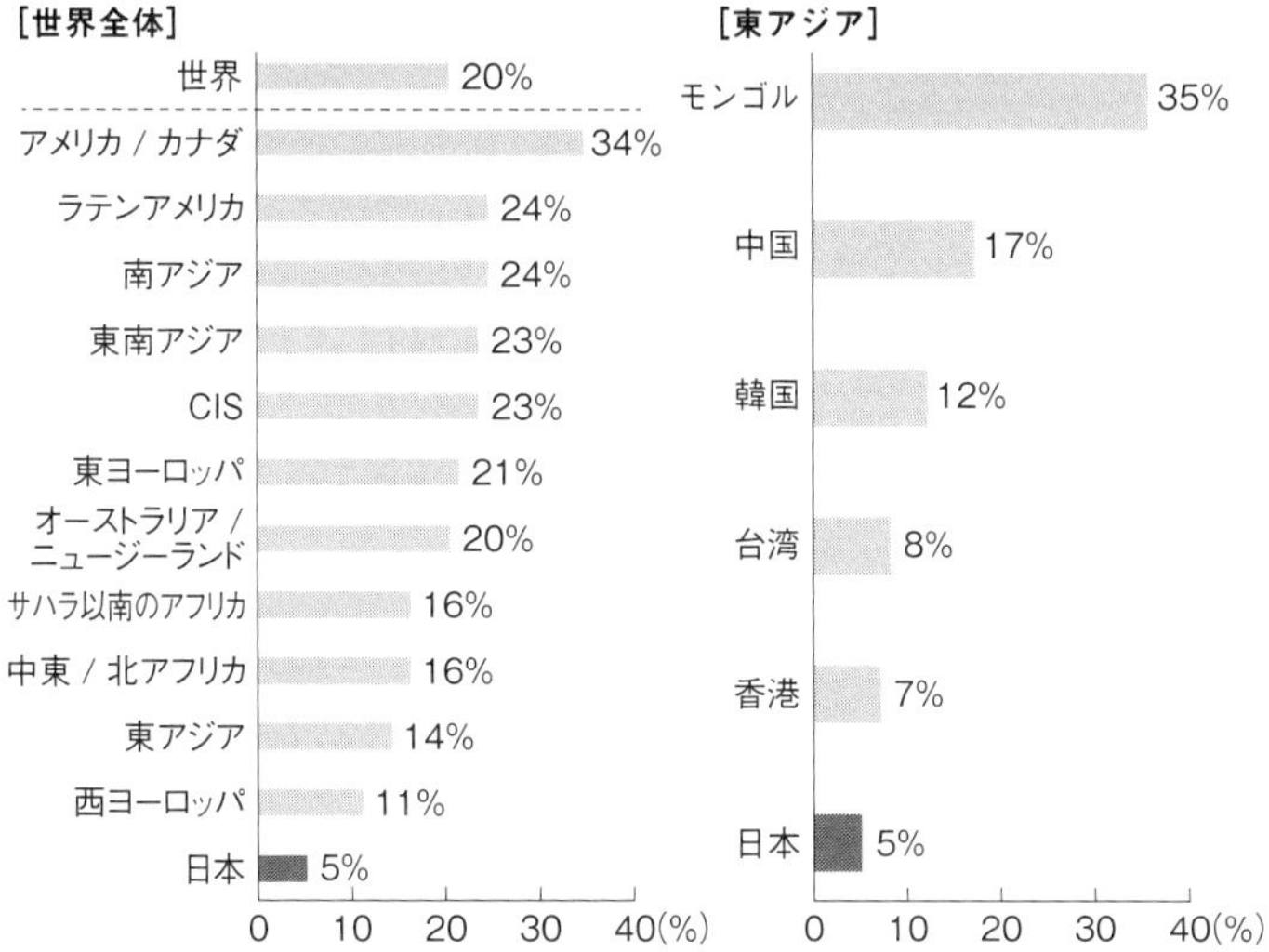

※GALLUP “State of the Global Workplace 2021”
(出所) 経済産業省「未来人材ビジョン」(2022年5月) より作成

全体でみても最低水準という大変不名誉な結果となっている**(図表3－1)**。

つまり、「人材版伊藤レポート2・0」に記載されているエンゲージメントの高低に応じた人事施策の対応を講じようにも、95%は低い状態の従業員であるため、エンゲージメントの底あげが経営戦略の実現のためにも急務である。

また、経団連の調査によれば、エンゲージメントが低い層の断トツトップが「中堅層」、次いで「若手層」となっている**(図表3－2)**。**組織のなかで**

図表3－2　エンゲージメントが低い層

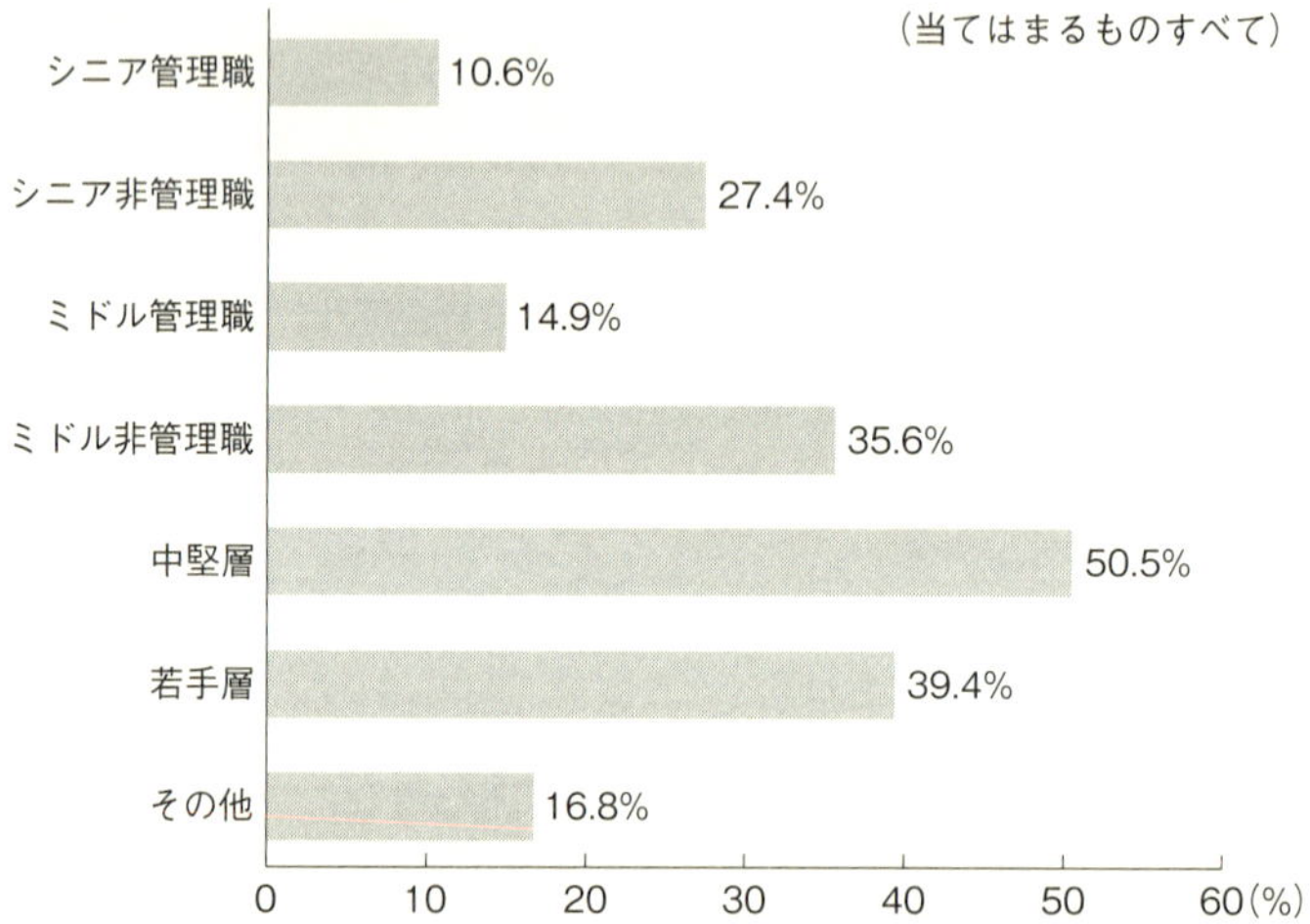

（注）1　社員のエンゲージメントの現状について「高い層と低い層がある」「全体的に低い状況にある」と回答した214社が対象。回答が得られた208社を100として集計
2　「高い層と低い層がある」場合、特に低い層について当てはまるものを回答
（出所）経団連「2023年人事・労務に関するトップ・マネジメント調査結果」

「働き盛り」とされる中堅層と若手層が、低いエンゲージメントのツートップという、日本のエンゲージメント事情は由々しき事態だといえよう。

日本のエンゲージメントが低い背景

では、なぜこれほどまでに日本のエンゲージメントは凋落《ちょうらく》してしまったのだろうか。人事コンサルタントのロッシェル・カップ氏は著書『日本企業の社員は、なぜこんなにもモチベーションが低いのか？』（クロスメディア・パブリッシング）のなかで、日本企業のエンゲージメントが低い理由の1つに、「仕事とは何か、に対する柔軟性に欠けるアプローチ」をあげており、具体的には次のように解説している。

「日本企業は仕事を定義するにあたって、スキルとアウトプットではなく、職場で過ごす時間と服従の誓いに焦点をあてている。日本企業で正社員として働くには、長時間労働を強いられ、どんな任務の内容と勤務場所でも引き受けなければならないことを理解する必要がある。その他の職務はすべて、低レベルで低賃金のものとなる」

同書は2015年に刊行されているため、その後のコロナ禍のテレワーク普及で少し状況は改善したかもしれないが、根本的な問題はいまだ解決していないように思える。

ジョブ型雇用の発想が根づいている欧米企業においては、会社側は本人の同意なくして従業員を異動や配置転換させることができない。そのため、異動等の人事配置も本人の意思を尊重した社内公募が中心となる。つまり、職種や勤務地についての限定的な雇用契約が成立している。従業員は自らの職種にコミットし、キャリアを自律的に形成している。

一方で、**メンバーシップ型雇用が根づいている日本企業では、一般に、正社員であれば職種も勤務地も（最低限の制約はあるものの）会社側が一方的に人事権を行使できる「無限定」の雇用**

契約になっている。正規と非正規の格差が大きい日本においては、正社員のポジションを得られなければ、必然的に低賃金で不安定な雇用を強いられることになる。そのため、労働者側は「無限定雇用」を甘んじて受け入れなければならない。

「無限定」という日本型雇用の特徴については、近年では「配属ガチャ」とも揶揄《やゆ》され、若年層の早期離職の大きな原因にもなっている。「配属ガチャ」とは、自分の思いどおりにはならないソーシャルゲームのガチャやカプセルトイの仕組みになぞらえて、企業が一方的に決定した配属先や勤務地を受け入れるしかないことを皮肉めいて表現した俗語である。

自分の仕事内容やキャリア、さらには住む場所さえ自己決定できない日本企業が、低いエンゲージメントになることは自明のことである。

近年、厚生労働省も「多様な正社員」という概念を提唱し、正社員であってもフレキシブルな働き方を整備することのメリットを訴求している。また新卒の職種別採用のように、一部ジョブ型の発想を取り入れている企業も増えてきた。しかしながら、それだけではわが国に長らく根づいてきた、企業主導で受け身のキャリア観や仕事観を一気に変容させることは難しい。「仕事とは何か?」「自らのキャリアや生活をどうしていきたいのか?」という根源的な問いについて考える機会を醸成することが重要である。そのための処方箋が「越境学習とワーケーション」なのである。

2 エンゲージメントってそもそも何？

エンゲージメントの定義は多様

ワーケーションがなぜエンゲージメント向上に効果があるのか、という本題に入る前に、「エンゲージメント」という言葉について改めて解説しておきたい。エンゲージメントサーベイを導入している企業も今や多いと思うが、自社でＫＰＩ（重要業績評価指標）として設定している「エンゲージメント」の定義を正確に説明できるだろうか。**そもそも何を測っているのかがわかっていない企業も少なからず存在するのではないかと思われる。**

実は、エンゲージメントという概念には複数の定義が存在する。大きく分けると「従業員エンゲージメント」と「ワーク・エンゲージメント」である。

「従業員エンゲージメント」は主に組織人事コンサルティング会社によってさまざまなサーベイ

図表3－3　従業員満足度（ES）とエンゲージメント

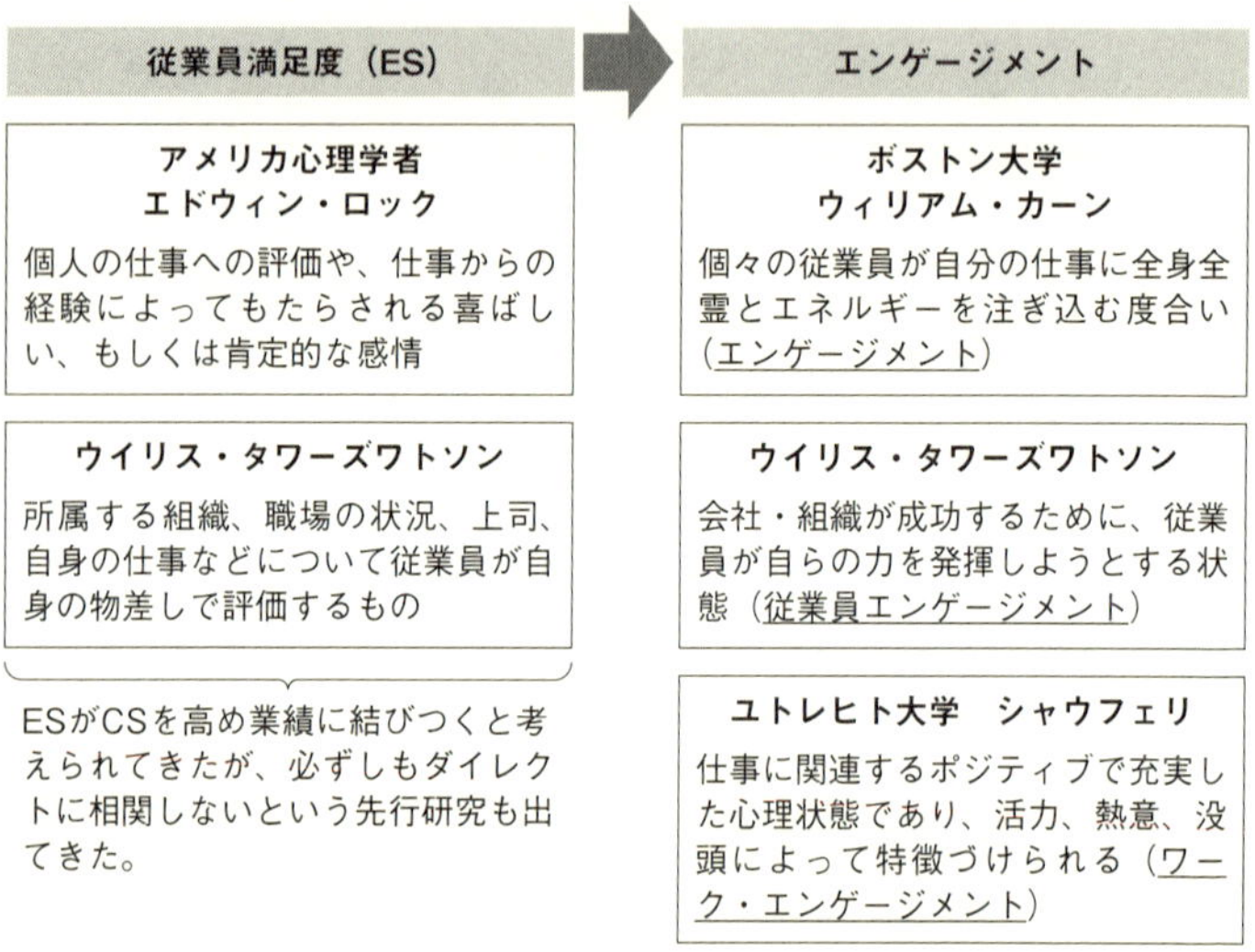
従業員満足度（ES）
エンゲージメント
アメリカ心理学者
エドウィン・ロック
個人の仕事への評価や、仕事からの経験によってもたらされる喜ばしい、もしくは肯定的な感情
ウイリス・タワーズワトソン
所属する組織、職場の状況、上司、自身の仕事などについて従業員が自身の物差しで評価するもの
ESがCSを高め業績に結びつくと考えられてきたが、必ずしもダイレクトに相関しないという先行研究も出てきた。
ボストン大学
ウィリアム・カーン
個々の従業員が自分の仕事に全身全霊とエネルギーを注ぎ込む度合い（エンゲージメント）
ウイリス・タワーズワトソン
会社・組織が成功するために、従業員が自らの力を発揮しようとする状態（従業員エンゲージメント）
ユトレヒト大学　シャウフェリ
仕事に関連するポジティブで充実した心理状態であり、活力、熱意、没頭によって特徴づけられる（ワーク・エンゲージメント）

（出所）『ハーバード・ビジネス・レビュー』2019年11月号「従業員エンゲージメント」より作成

が提供されており、たとえばウイリス・タワーズワトソンによれば「会社・組織が成功するために、従業員が自らの力を発揮しようとする状態」と説明されている。

従業員エンゲージメントが注目される以前は「従業員満足度」（ES）という指標がよく用いられていたが、従業員の心理的満足度と企業の業績への相関性や因果関係が十分に検証されておらず、また、指標が従業員視点に偏っていたことから、従業員エンゲージメントが注目されることになったという背景がある。従業員エンゲージメントは、会社・組織の成功への貢献意欲が測定対象となっている特徴があり、従業員満足度の次のステージとしても企業側にフィット感があったことから広く普及したとされている（図表3－3）。

一方で「ワーク・エンゲージメント」とは、ユトレヒト大学のシャウフェリ氏の定義によれば「仕事に関連するポジティブで充実した心理状態であり、活力、熱意、没頭によって特徴づけられる」と説明されている。アカデミックな世界でエンゲージメントに言及する際には、ワーク・エンゲージメントのほうが主流の概念となっており、またわが国においては経済産業省が提唱している「健康経営」の指標にも採用されている。

自社で目標として掲げている「エンゲージメント向上」のエンゲージメントは、従業員エンゲージメントとワーク・エンゲージメント、一体そのどちらだろうか。

これからはワーク・エンゲージメントを意識する時代に

従業員エンゲージメントが「会社・組織と従業員」の関係性にフォーカスしたものだとすれば、ワーク・エンゲージメントは「仕事そのものと個人」との関係性を示す概念だといえる。もちろんいずれも大切な要素ではあるが、**これからのエンゲージメント戦略は、よりワーク・エンゲージメント寄りにシフトしていくべきだと筆者は考えている。**

従業員エンゲージメントの向上施策とは、いわば「企業への帰属意識・貢献意識」を高めてもらうための取組みである。リンクアンドモチベーション社によれば、従業員エンゲージメントは①目標の魅力（理念、戦略、ブランド）、②活動の魅力（事業内容、仕事内容、商品サービス）、③組織の魅力（組織風土、人材、経営陣）、④待遇の魅力（給与、福利厚生、就労実態）、の4つの要素から構成されると説明されている。これまでのように正社員を中心とした雇用管理であれば、企業に対する帰属意識・貢献意識を画一的に求めていくことは企業として当然の所作であった。

たとえば、おしゃれなオフィス環境を用意する、社内パーティやランチ会を頻繁に開催してメンバー同士の絆を深める、他社にはないユニークな福利厚生を導入するなどの施策は多くの企業で実施されていた。しかしながらポストコロナの現在においては、物理的に集まることを前提とした工ンゲージメント施策は講じづらい状況になっている。

また最近では、契約社員、派遣社員といった非正規雇用者のほか、業務委託契約のビジネスパートナー、副業人材等といった多様な雇用のポートフォリオを管理・活用していく必要性が生じている。エンゲージメント施策の対象もこれまでとは比べものにならないほど広がっている（**図表3－4**）。

このように多様化していく人材に対して、従業員エンゲージメント、つまり企業に対する帰属

図表3-4　エンゲージメント施策の対象範囲

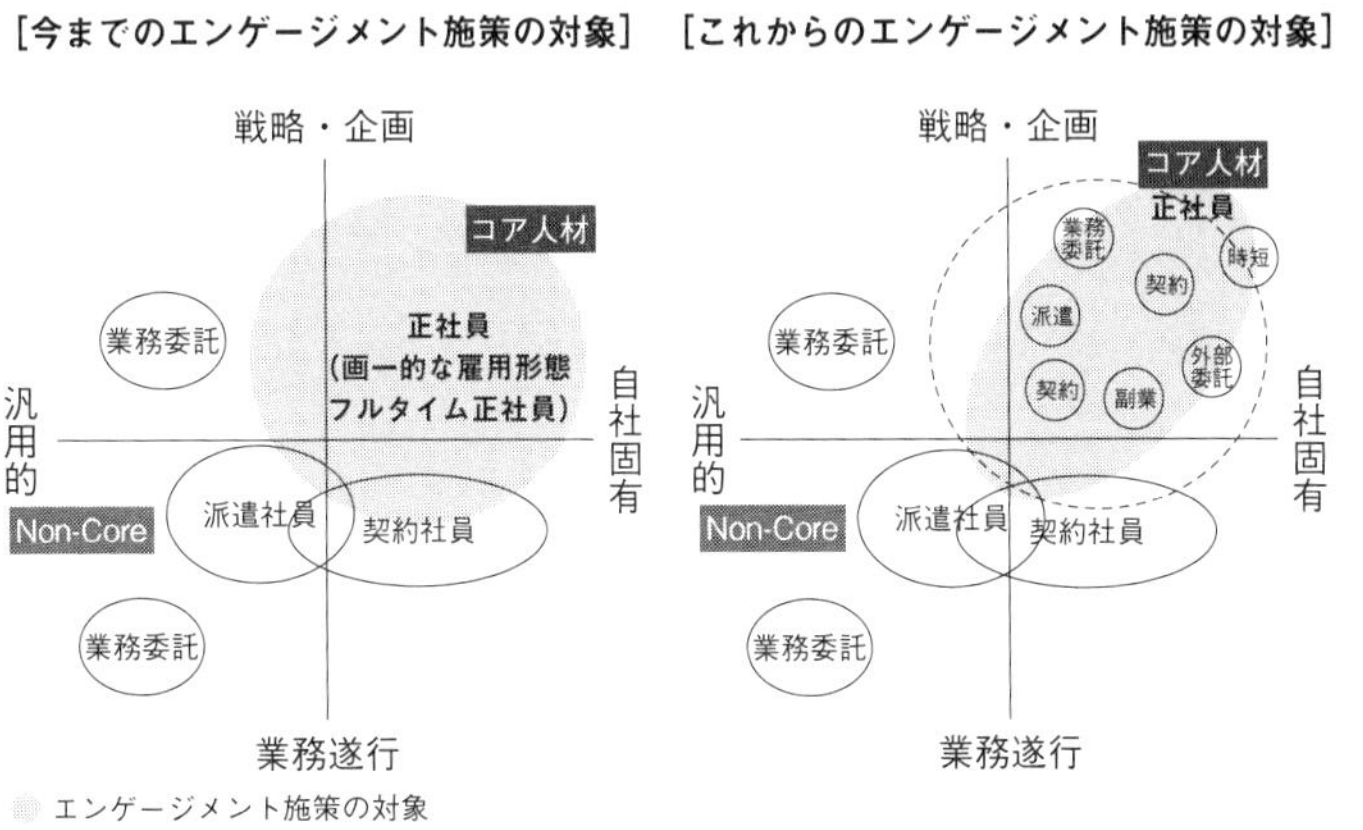

（出所）コーン・フェリー・ジャパン編『Future of Work 人と組織の論点』（日本経済新聞出版）より作成

意識・貢献意識を均一的に求めることが正しいのか、という問いが立つ。自らの専門性や成果に対してコミットメントしている業務委託のビジネスパートナーや副業人材に、自社に対する従業員エンゲージメントを正社員と同様に求めることは不自然ではないだろうか。働く個人の視点からみれば、長い職業キャリアのなかで、ときには1つの組織・企業に高い帰属意識をもって取り組むフェーズもあれば、複数の組織・企業に等しく軸足を置いて働くフェーズもあってよい。**これからの時代は、企業と個人の距離感は、従来のような「0か1か」という二進法から、グラデーションの世界観へと変容していく。**

こうした新たな世界観のもとでは、改めて「ワーク・エンゲージメント」の有用性が見直されることになる。企業や組織の関わり方や距離感がどのようなものであれ、「仕事そのものに対する活力、熱意、没頭」は、個人にとっても企業・組織においても、等しく向上させたほうがよい概念であるからだ。

ここから、「ワーク・エンゲージメント」に注目し、ワーケーションとワーク・エンゲージメントの関係性について解説していく。

3 ワーケーションで仕事のやりがいを再発見！

ワーケーションでワーク・エンゲージメントが向上

ワーク・エンゲージメントとワーケーションの関係性を示した調査として、南紀白浜エアポート、TIS、NTTデータ経営研究所の三者が共同で行った実証実験の結果が非常に興味深い

図表3-5　ワーケーションとワーク・エンゲージメントの関係性

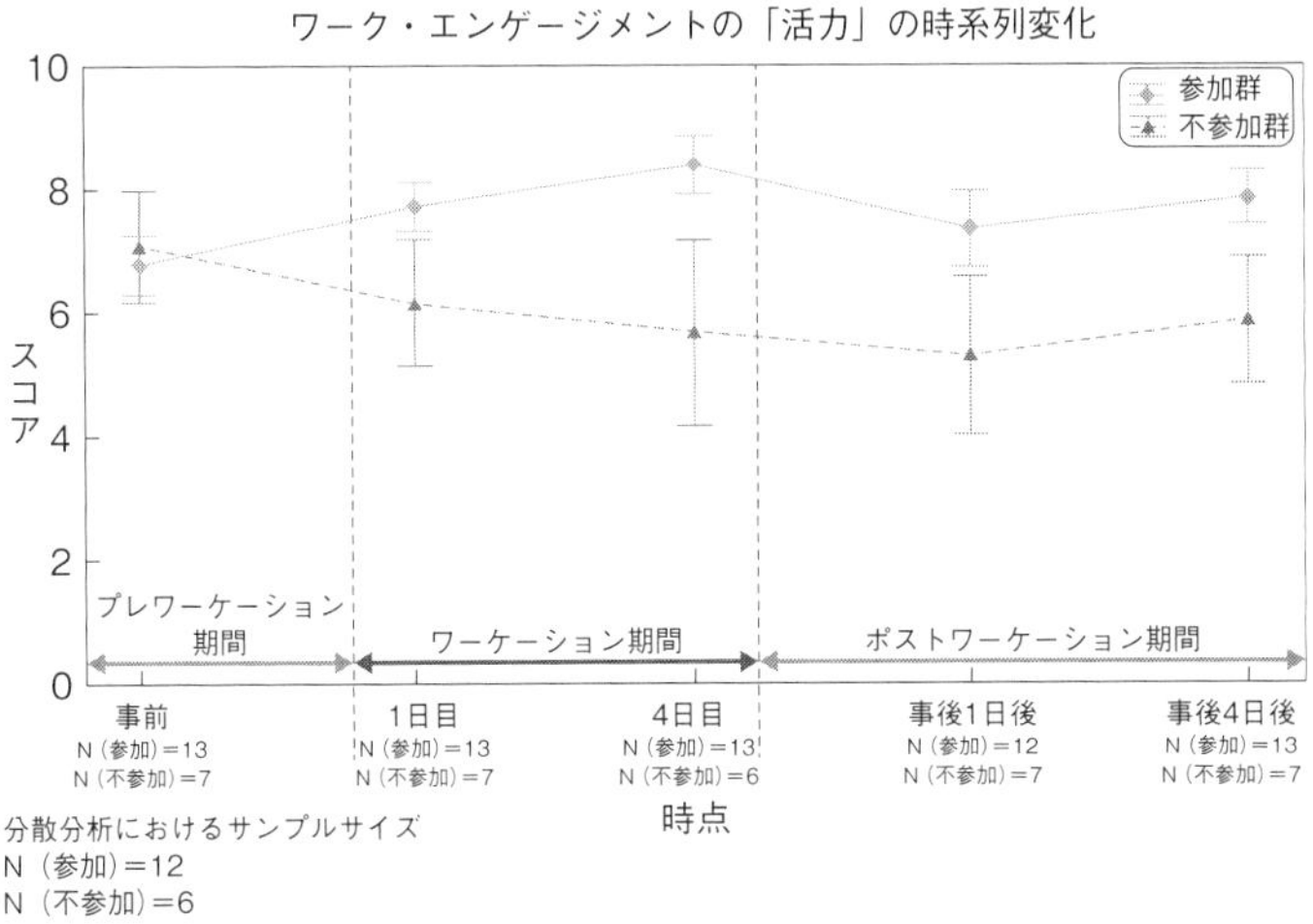

（出所）南紀白浜エアポート、TIS、NTTデータ経営研究所プレスリリース（2021年6月22日）より作成

（図表3－5）。この調査では、ワーク・エンゲージメント、職業性ストレス、仕事のパフォーマンス等のさまざまな指標について、「東京での在宅勤務」と「ワーケーション」でどう変わるかを比較分析している。

ワーケーション参加群においては、ワーク・エンゲージメントの「活力」（仕事をしている際に活力がみなぎるように感じる程度）がワーケーション前と比べてワーケーション４日目に23・９％程度向上し、ワーケーション終了４日後にも15・９％ほど向上しているという結果が出ている。

ワーケーション中にワーク・エンゲージメントが高まることは想像にたやすい

図表3-6　ワーケーション後の幸福感、ワーク・エンゲージメント

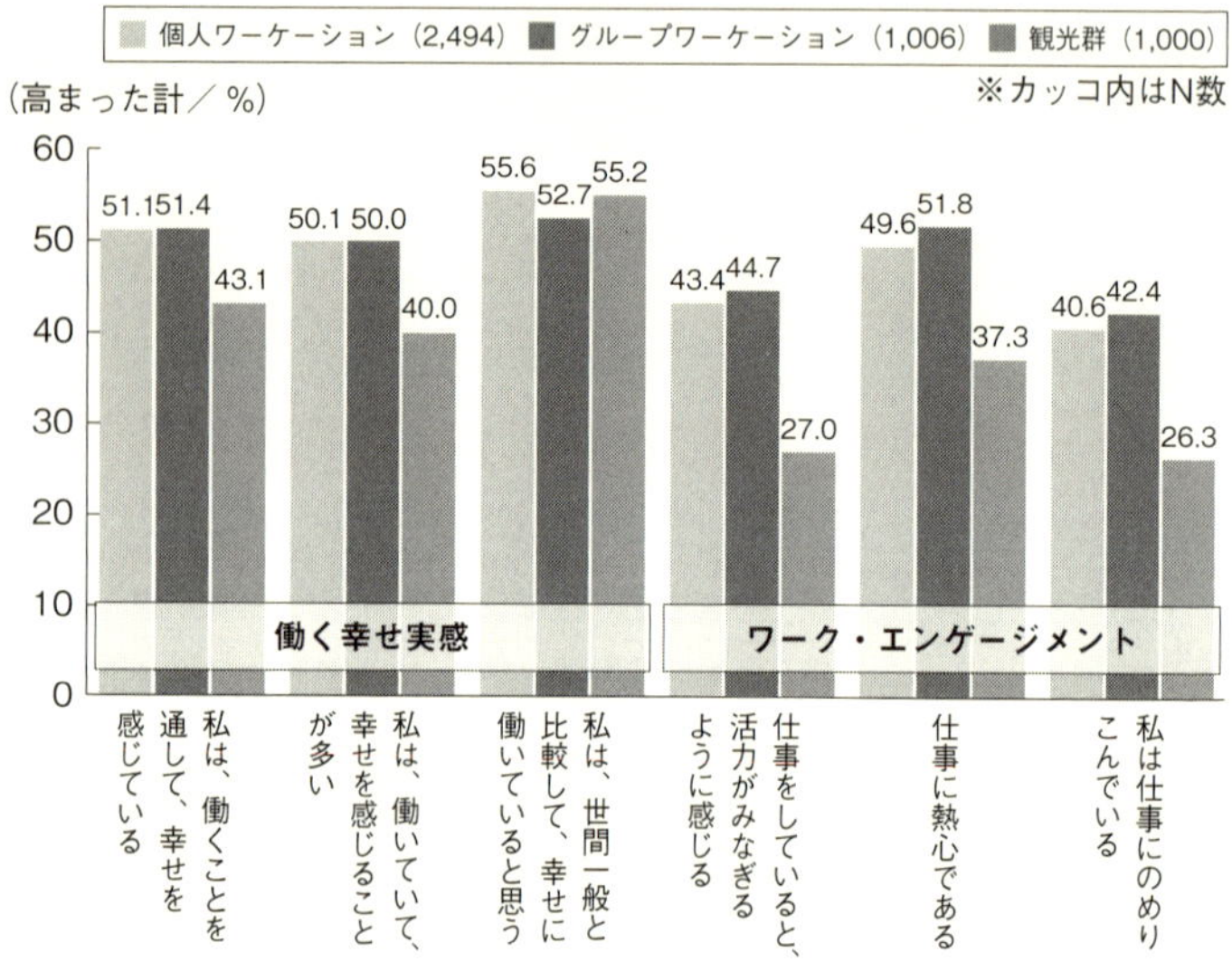

（注）個人ワーケーション：個人単位で行うワーケーション時
グループワーケーション：グループ単位で行うワーケーション時
観光群：通常の観光時
（出所）パーソル総合研究所「ワーケーションに関する定量調査」（2023年）より作成

が、ポストワーケーション期間についてもその効果が持続しているという点は非常に大きな示唆に富んでいる。

この実証実験では、ワーケーション参加群には、ワーク・エンゲージメント以外の指標、具体的には、職業性ストレス低減や仕事のパフォーマンス向上にもポジティブな影響が生じていることが明らかになっている。

その他の調査においても、ワーケーションとワーク・エンゲージメントの関係性は定量的な実証がなされている。パーソル総合研究所が２０２３年に公

図表3－7　ジョブ・クラフティングの定義

定義：働く人たち一人一人が、**主体的に**仕事や職場の人間関係に**変化**を加えることで、与えられた職務から自らの**仕事の経験を創りあげていくこと***

*元となる学術的定義：従業員が、自分にとって個人的に意義のあるやり方で、職務設計を再定義・再創造するプロセス

（出所）CULTIBASE「ジョブ・クラフティングとは？国内研究の第一人者・高尾義明さんが、定義・事例から最新の研究動向まで徹底解説」（2021年11月29日）

表した「ワーケーションに関する定量調査」では、ワーケーション参加者の約4～5割にワーク・エンゲージメントの向上がみられている（図表3－6）。**観光群（通常の観光時）と比較すると15ポイントほど高い効果が生じており、ただ単に観光地でリフレッシュしたことだけがワーク・エンゲージメントの向上の要因とはいえない。**

働きがいを高める「ジョブ・クラフティング」

以上の調査結果でみてきたように、ワーケーションには「在宅勤務」にも「観光」にもない、ワーク・エンゲージメントの向上に作用する独特な要素がある。

筆者はこれらの要素は「**ジョブ・クラフティング**」と「**越境学習**」ではないかと仮説を立てている。

「ジョブ・クラフティング」とは経営学の用語であり、「働く人たち一人一人が、主体的に仕事や職場の人間関係に変化を加えることで、与えられた職務から自らの仕事の経験を創りあげていくこと」を指す（**図表3－7**）。

クラフティングという言葉がわかりづらいかもしれないが、その語源である「クラフト」の説明について、高尾義明氏は著書『「ジョブ・クラフティング」で始めよう 働きがい改革・自分発！』（日本生産性本部生産性労働情報センター）のなかで次のように解説している。

「クラフトといえば、思いつくものは何でしょうか。お酒好きであれば、クラフトビールかもしれません。ペーパークラフトやレザークラフトなどを思いついた方もおられるでしょう。それらに共通するのは、手作り感です。商品になるだけのクオリティに達しつつも一つひとつが微妙に異なっており、それが魅力になっているところです。クラフトマン（craftman）には職人という意味もあり、クラフトには職人技といった意味もあります。したがってジョブ・クラフティングには、職人がやるように手作り感をもって仕事をするというイメージが込められています」

多くのビジネスパーソンにとって、仕事とは組織や上司から与えられるものであり、また継続

図表3-8　3人のレンガ職人

的な仕事であれば仕事の方法や手順まで厳格に定められていることもある。**そのような仕事においても、自らがその仕事にひとさじ加えることで手作り感と主体性を取り戻すことができるという考え方が「ジョブ・クラフティング」だ。**

「3人のレンガ職人」という有名なストーリーがある（**図表3-8**）。旅人が、レンガを積んでいる3人の職人に「何をしているのか」と順番に尋ねていく。1人目は「そんなことはみればわかるだろう。親方の命令でレンガを積んでいるのさ」と答える。2人目は「レンガを積んで風よけのための壁をつくっているのさ。この仕事は大変だけど、家族を養うために頑張っているよ」と答える。3人目は次のように答える。「歴史に残る大聖堂をつくっているのさ。とてもやりがいのあるすばらしい仕事だ

図表３−９　ジョブ・クラフティング研修の効果
（ワーク・エンゲージメント（仕事のいきいき度）の向上、
心理的ストレス反応の低減）

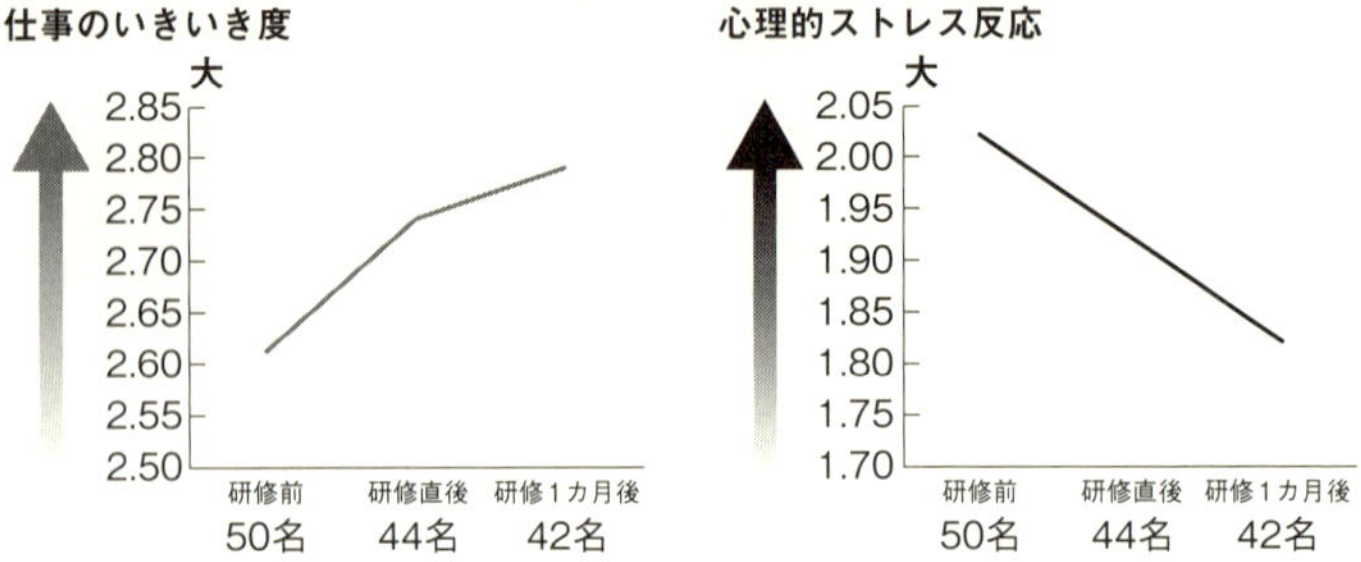

（出所）島津明人「ジョブ・クラフティング研修プログラム　実施マニュアル」（2019年３月）より作成

よ」。

第三者からみれば全く同じ仕事であっても、本人の捉え方次第で仕事のやりがいが大きく変わってくるということを教訓的に伝えるストーリーだが、まさにジョブ・クラフティングの本質がここに詰まっている。

１人目の職人のようにやらされ感・受け身で捉えることもできるし、３人目の職人のように社会全体に対する大きな意義にまで昇華させることも自由だ。ワーク・エンゲージメントを向上させるという観点からは、当然ながら3人目のような仕事に対する認知をもつことが有効であることはいうまでもない。

近年のワーク・エンゲージメント研究においても、ジョブ・クラフティングがワーク・エンゲージメントにポジティブな影響を与えることが言及されている。たとえばジョブ・クラフティングをテーマとした研修を受講した場合に、研修前から研修直後、研修1カ月後にかけて、受講生のワーク・エンゲージメントが向上し、心理的ストレス反応が低減しているという結果もある（**図表3－9**）。

越境学習とは

つまり「ワーク・エンゲージメント」を高めるためには、ジョブ・クラフティングの機会を従業員に対して提供していくことが有効な施策となるが、具体的にはどのような施策を講じればよいのだろうか。そこでもう1つのカギになるのが「越境学習」である。

越境学習とは、法政大学の石山恒貴氏によれば「ホームとアウェイを往還（行き来する）ことによる学び」であると定義されている。個人にとって居心地のよい慣れた場所が「ホーム」。そして個人にとって慣れない場所であり、普段使う言葉やルールが通じない場所が「アウェイ」。こうした「ホーム」と「アウェイ」を往還することで生まれる違和感や葛藤が学習効果をもたらすという考え方が越境学習の背景にある。

ワーケーションを通じて都市部のオフィスでは感じることができないような地域課題に触れ、普段とは異なる地域のステークホルダーと対話する機会は、まさに越境学習そのものである。

越境学習の具体的な例として、東京都のＩＴベンチャーが地域課題解決型のワーケーションプログラムに自社のＩＴエンジニアを送り出した際の参加者からのフィードバックコメントを紹介したい。

「このプログラムに参加しなければ、自分の職業人生のなかで農家の方々と連携する機会は絶対になかったでしょう。今回のプロジェクトでは、道の駅のＥＣサイトを構築して農家の方々のつくった野菜をＥＣでも販売できる仕組みを構築しました。そのなかで、生産者の顔がみえるようにするためにＳＮＳなどの利用方法について農家の方々にトレーニングを行いました。ＩＴに対するリテラシーもビジネスに対する考え方も異なるステークホルダーとの協働経験は当初はかなり苦戦しましたが、自らのＩＴスキルがここまでダイレクトに地域の課題解決に役に立つのだということを実感して、これまでの経験は決して無駄ではなかったのだとうれしい気持ちになりました」

まさにワーケーションという「越境学習」によって「ジョブ・クラフティング」が実現されたことを示唆するエピソードであろう。

自らの仕事に対する認知を問い直すという行為は、ホームである日常空間で行うことはやはり難しい。日常の空間から精神的にも物理的にも少し距離を置いて、アウェイの空間で仕事について考えてみることが重要だ。ワーケーション先でのジョブ・クラフティング体験が、仕事そのものに対するやりがいを取り戻し、結果としてワーク・エンゲージメントの向上へと結びついていく。エンゲージメント向上に悩む企業には、ぜひ「ワーケーション」を積極的に活用してもらいたい。

4 チームビルディングのためのワーケーション

グループワーケーションのススメ

コロナ禍でのテレワークの普及はわれわれの働き方を大きく変容したが、一方でテレワークによる弊害も指摘されている。内閣府の調査によれば、テレワークで不便な点として「社内での気軽な相談・報告が困難」「画面を通じた情報のみによるコミュニケーション不足やストレス」などが上位にランクインしている（**図表3－10**）。そしてこれらの項目を2020年5～6月と2023年3月で比較すると、その割合は上昇傾向にある。**約3年間の期間を経ている今もなお未解決の問題が「コミュニケーション」の問題であるといえるだろう。**

とはいえ働き手の多くが、コロナ禍前のようなフル出社のワークスタイルを望んでいるわけではない。テレワークを中心とした働き方を維持しながら、どのようにコミュニケーションの活性化やチームビルディングを実現していけばよいのか――。その答えが**「グループワーケーション」**だ。

「グループワーケーション」とは、その名称のとおり、グループやチーム単位で共同して行うワーケーションである。

そもそも、コロナ禍前から、職場のコミュニケーション施策について頭を悩ませている管理職や人事担当者は多かった。ひと昔前の常套《じょうとう》手段であった「飲みニケーション」や「社員旅行」は、今や若手層からすこぶる評判が悪い。一方で、**「ワーケーション」というキーワードは、働き手からみると魅力的なキーワードということもあり、センスのよい企業はワーケーションを自社のコミュニケーション施策の主軸としている。**

ちなみに「グループワーケーション」は従来の「社員旅行」とどう異なるのか、と質問される

図表3-10　テレワークで不便な点

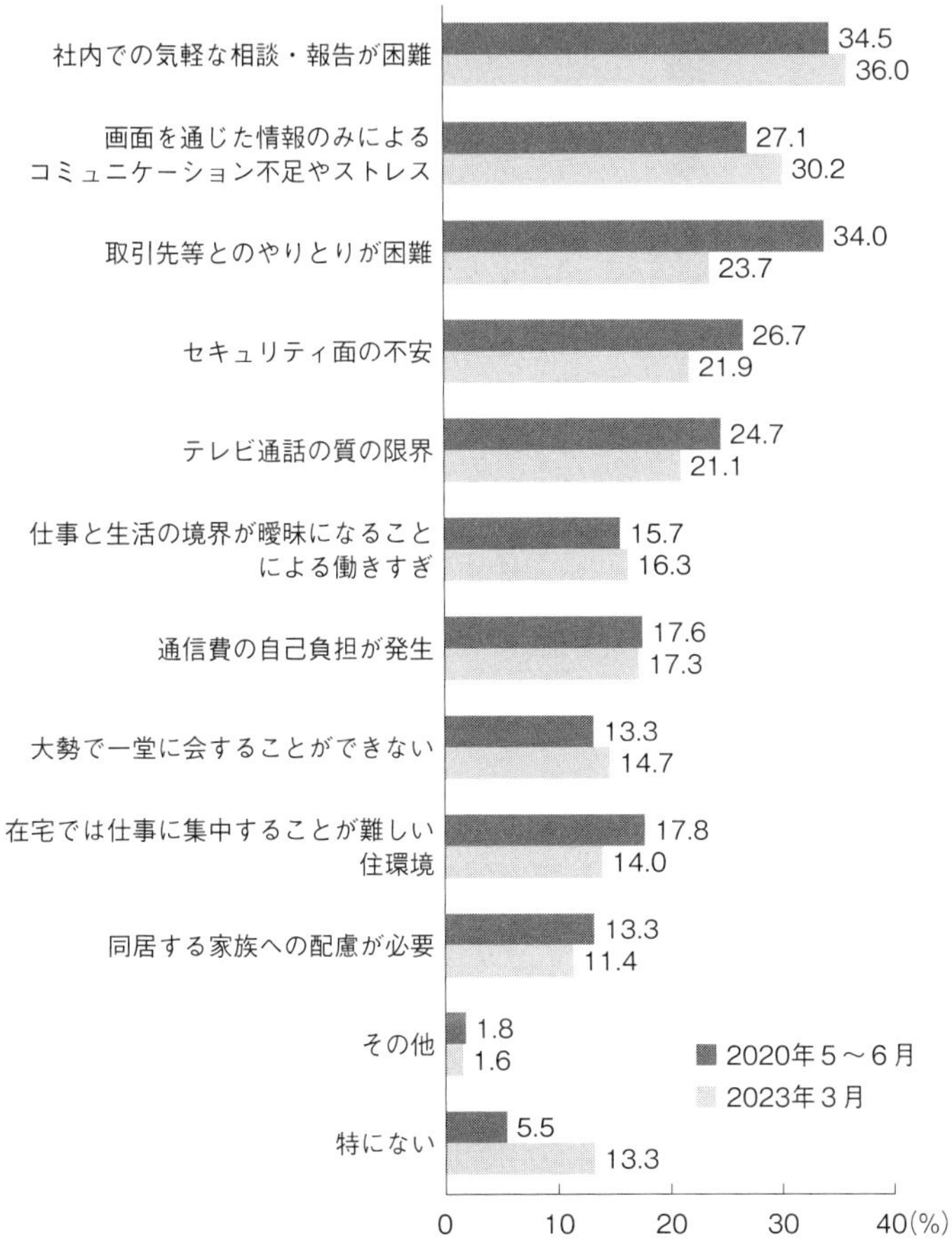

（注）「テレワークできないまたは合わない職種である」と回答した人の割合は、2020年５～６月は36.1％、2023年３月は33.8％

（出所）内閣府「第６回 新型コロナウイルス感染症の影響下における生活意識・行動の変化に関する調査」（2023年４月19日）より作成

ことがあるが、次のような点が主な違いとしてあげられる。

① 日頃の階層・上下関係をもち込まない（社員旅行時の「お酌」のイメージを払しょく）
② 休日に実施するのではなく、働く時間をしっかり確保したうえで平日に実施する
③ 観光ではなく、「学び」にフォーカスする

パーソル総合研究所が定義するグループワーケーションのカテゴリとしては、「社内研修タイプ（地域で社内研修を行う）」「オフサイトミーティングタイプ（地方の会議室や自然のなかで議論を交わす）」「地域堪能タイプ（地域独自の体験や、地域の課題解決プログラムをしたり、地域の人と交流する）」などがある（図表3－11）。

「関係の質」を高める

それでは、「グループワーケーション」ではどのようなプログラムを実践すればよいだろうか。

グループワーケーションの最終的な目的は、「関係の質」を高めることにある。「関係の質」とは、マサチューセッツ工科大学のダニエル・キム教授が提唱した「成功循環モデル」のなかの

図表3-11　グループワーケーションの内訳

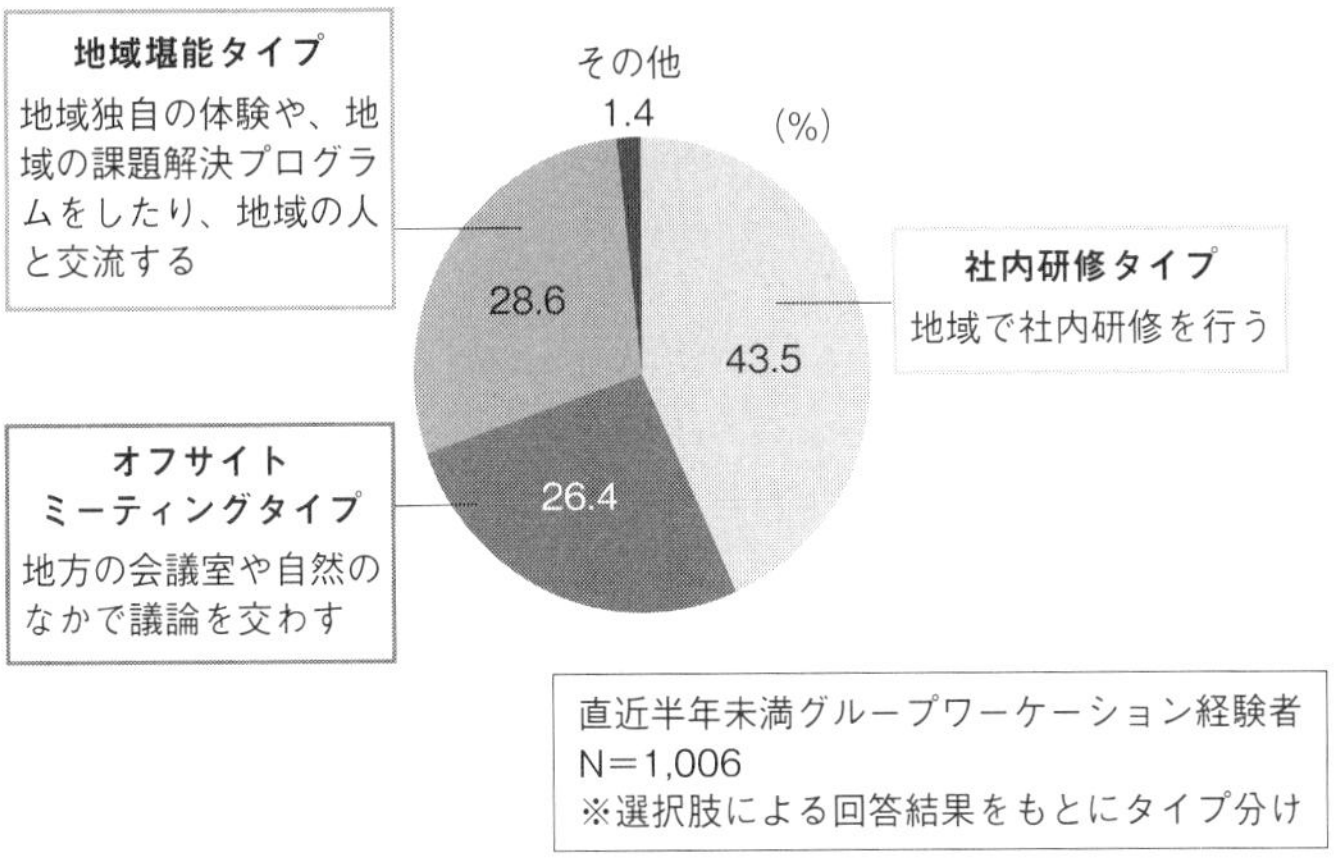

（出所）パーソル総合研究所「ワーケーションに関する定量調査」（2023年）より作成

図表3-12　成功循環モデル

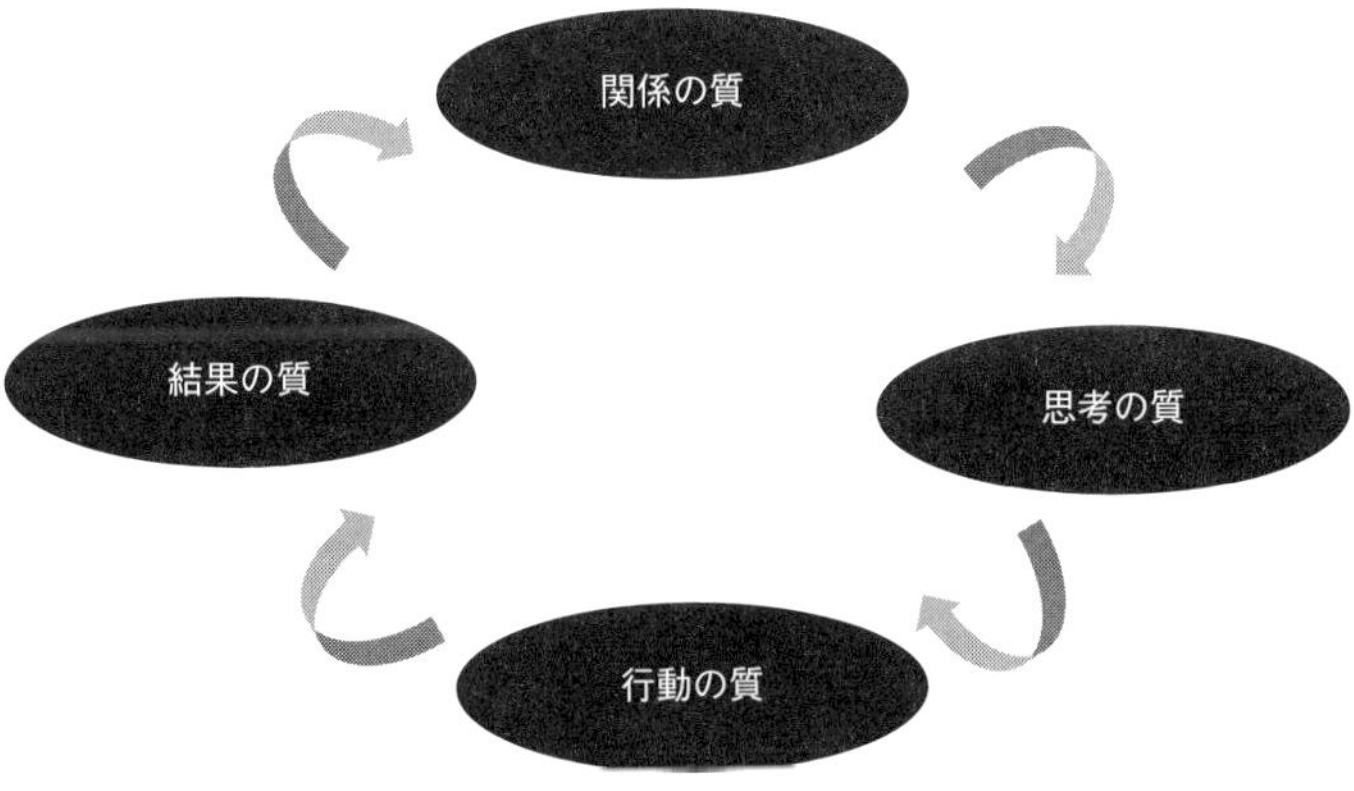

（出所）Daniel Kim“What is Your Organization's Core Theory of Success?”（The Systems Thinker）より筆者作成

図表3-13　モチベーショングラフ（例）

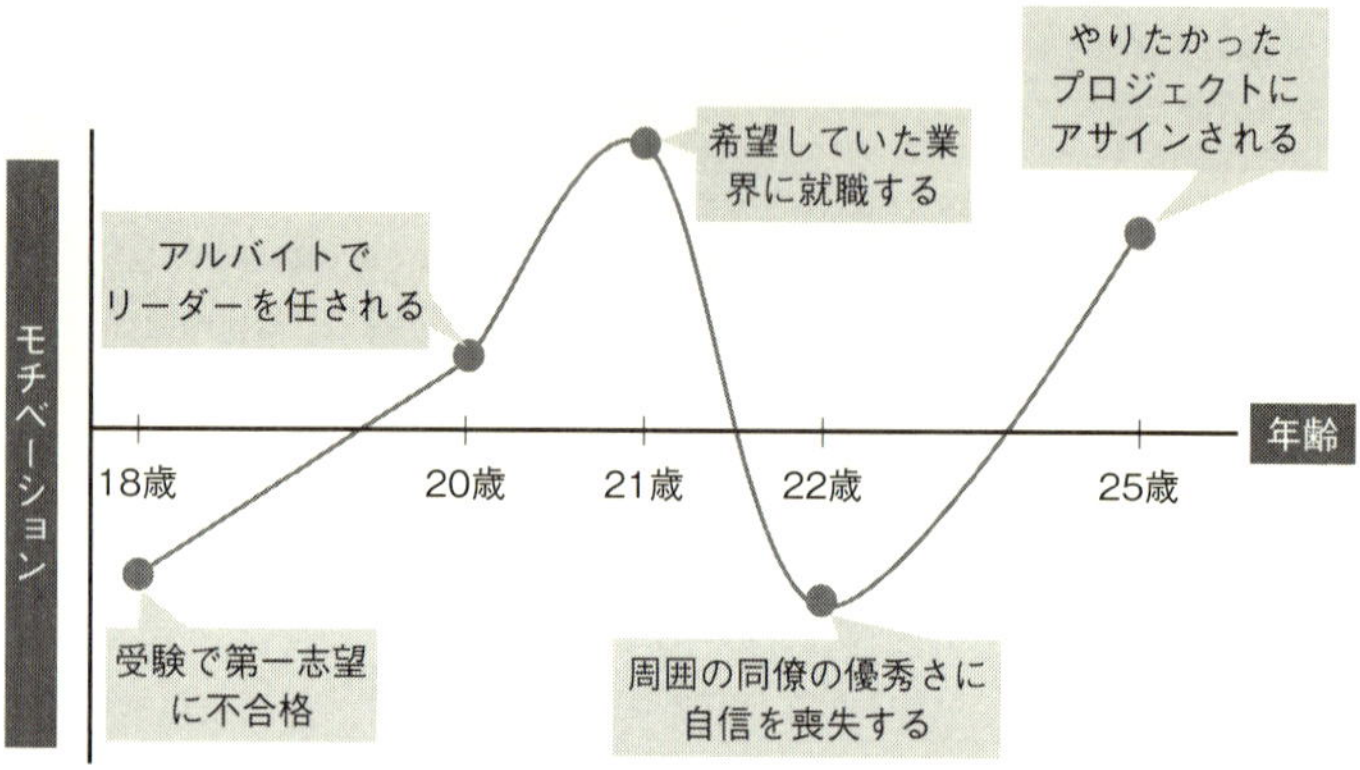

（出所）筆者作成

キーワードであり、組織の「結果の質」は「関係の質」を起点としたよい循環から生まれるという考え方だ（**図表3－12**）。

「関係の質」を高めるためには、組織のメンバー同士の相互理解が重要である。そのため、**グループワーケーションを実施する際には、短時間でもよいので参加者同士の相互理解を促進するプログラムを入れる**ことを筆者は推奨している。たとえば相互理解のプログラムとしては、「モチベーショングラフ」等が有効だ。COLUMN④で紹介する立科町の事例も参考にしてもらいたいが、モチベーショングラフとは縦軸にモチベーション、横軸に年齢として自らの経験・エピソードをそこにプロットし、そのグラフをもとにライフストーリーを他者に対して語るアクティビティのことである。どんな場面で話し手のモチベーションがあがったり下がったりするのかが視覚的にわかるため、お互いの価値観を理解するのに非常に有効な手段である。

実際にモチベーショングラフをチームで行ってみるとわかるが、職場での付き合いが長い同僚でも意外と知らなかったその人の一面が浮き彫りになる。モチベーショングラフのイメージを**図表3－13**に掲載したので、ぜひグループワーケーションの際に活用してみてもらいたい。

COLUMN 3

宮崎県日向市×パーソルビジネスプロセスデザイン

ワーケーションを活用したポストコロナの新たな階層別研修

日向市ワーケーションの特徴

宮崎県の北東部に位置する日向市は、「サーフィンの街」として非常に有名で、金ヶ浜やお倉ヶ浜など、日本有数のサーフスポットが点在している。日向灘に面していて日照時間は日本でもトップクラスの自治体であり、温暖で非常に過ごしやすい地域だ。

日向市がワーケーションを本格的に推進しているのは2020年6月からで、豊かな観光体験と魅力的な人々との交流をコンセプトに、4年間でおよそ110社・延べ1600名を受け入れてきた豊富な実績がある。

日向市内のワーケーション施設である「Surf Office」（**写真**）は金ヶ浜の絶景を臨みながら仕

▼ Surf Office（宮崎県日向市）

（出所）Surf Officeウェブサイト

事ができる最高のワークスペースとなっている。リゾート気分を味わえるだけでなく、集中して仕事に取り組める個室や大人数向けのミーティングルームも完備されている。

日向市で実施されるワーケーションプログラムの特徴としては「研修型ワーケーション」に注力していることがあげられる。「研修型ワーケーション」とはワーケーションを活用し、非日常的な空間で階層別研修を行うことで、都市部の会議室では感じることができない視点による「気づき」を与えるとともに、日向市ならではの体験を通じて、自身の仕事に対する姿勢や組織内での関係性の考え方にも変化を促すプログラムが提供されている。

日向市は、海・山・川・里が比較的近い位置に揃っている自然豊かな地域であり、限られた研修時間を移動時間に大きく費やすことなく、さまざまな体験プログラムを提供できる点がメリットだ。

また日向市は、総合人材サービスのパーソルグループのパーソルビジネスプロセスデザインと「ワーケーション共創に向けた包括連携協定」を締結している。研修プログラムの開発にあたっても、パーソルビジネスプロセスデザインの人材育成に関するノウハウ・知見が豊富に盛り込まれている。

関係者全員でつくるワーケーションプログラム

日向市には、市内の漁業者、宿泊施設、飲食店、観光協会、商工会議所等からなる「日向市ワーケーション推進会議」が設置されている。日向市のワーケーション推進の強みとして、この「日向市ワーケーション推進会議」の存在は極めて大きい。

一般にはワーケーションの受け入れコーディネーターと実際のコンテンツ提供者は異なることが多く、ワーケーションプログラム全体を通じて伝えたい意義・メッセージがプログラム間で分断されてしまいがちである。

一方で「日向市ワーケーション推進会議」ではメンバー間のコミュニケーションが緊密である。たとえば日向市のワーケーションでは、海（漁業体験プログラム）・山（里山保全プログラム）・町（港町フォトミッションプログラム）等のさまざまなコンテンツが用意されているが、それぞれのコンテンツに込められたメッセージが有機的かつシームレスに統合されている点は、まさに日向市ならではのワーケーション体験といえる。

また、他のワーケーション先進地域では、1人のカリスマ的なコーディネーターの存在に依存しているケースもよく見かける。一方で日向市では、行政、ワーケーション推進会議、連携企業であるパーソルビジネスプロセスデザインが、それぞれの役割をバランスよく全うし、チーム全体でワーケーションを推進していく体制となっている点が特徴的である。

階層別研修の新しいアタリマエをつくる

日向市では2023年度の観光庁「企業ニーズに即したワーケーション推進に向けた実証事業」を活用し、強みである階層別の研修型ワーケーションをさらにブラッシュアップさせている。若手社員向け、次世代リーダー向け、管理職向け、ミドルシニア向け等の企業内のあらゆる階層に対して、研修型ワーケーションプログラムを提供することが可能だ。

筆者も本書の取材の一環で若手社員向けの研修型ワーケーション（**写真**）に随行したが、4泊5日のプログラムのなかには、自己理解・相互理解ワークショップ、漁業体験、地元住民との交流、マインドフルネス等の充実したコンテンツが盛り込まれており、プログラム終了後には若手社員同士の「関係の質」が圧倒的に高まっていることを強く実感した。

コロナ禍では多くの企業研修がオンライン講義に代替されたが、それでも大きな支障が出ないことに気がついた。そのため、受講者がオフラインで集まる研修に対して求めるハードルはかなりあがっている。階層別研修においても、ただ単に講師の話を座学形式で聴講するだけであれ

▼日向市における若手社員向けの研修型ワーケーションの様子

ば、わざわざ同じ会場に集まる意味はない。せっかくリアルな場に集まるのであれば、非日常的な体験を通じて、参加者同士の関係の質が高まるような設計にしなければならないであろう。

そうなると自ずと**今後の階層別研修は、日向市が提供しているような研修型ワーケーションが新しいスタンダードになってくるのではないか**と予想される。

また、昨今の若手社員はコロナ禍前後の入社ということもあり、そもそも同期の社員全員が一堂に会するような研修をそれほど実施できていない企業も多いのではないだろうか。希薄化した若手社員同士の絆を深めるうえでも、こうした研修型ワーケーションの活用をぜひ検討してもらいたい。

【取材協力】
日向市商工観光部　商工港湾課 係長　**新玉 祐史**氏
パーソルビジネスプロセスデザイン　**池谷 将**氏

COLUMN 4

信州たてしなDMC（立科WORK TRIP）

チームビルディングを意識したワーケーション

“ワークマシマシ”のワーケーション

長野県の東部に位置する人口約7000人の立科町では、2017年からワーケーション事業に取り組んでいる。立科町の提供するワーケーションは「立科WORK TRIP」というサービスブランドで展開されており、バケーションの要素よりも仕事中心のワーケーションプログラムを主として提供している。これまでに約220組の企業型ワーケーションを受け入れており、開発合宿、ハッカソン、アイデアソン、オフサイトミーティング、経営・企画会議と、その形態はさまざまである。

企業型ワーケーションを社内で予算化する際に、ワーケーションに対する理解度の浅い経営陣からは「なぜ従業員のバケーションに予算を投じなければならないのか」という反対意見が生じやすい。一方、立科WORK TRIPでは〝ワークマシマシ（仕事メイン）〟をコンセプトにしており、ワーケーションがダイレクトに仕事の成果や生産性向上に結びつくと、参加企業の経営者や事業責任者等の決裁者からの評判も極めて高いプログラムだ。

実際に参加した企業の多くがデイタイムのほとんどを会議やテレワーク等の業務にあてており、アクティビティや地域体験が中心の他地域のプログラムとはその点で一線を画している。

専属コーディネーターによるきめ細かなサポート

立科WORK TRIPの一番の強みは、企業のニーズと現地の状況を子細に把握している専属コーディネーターの存在である。とりわけ、信州たてしなDMCの渡邉岳志氏は全国的にも著名なワーケーションコーディネーターで、立科WORK TRIPの中心的存在だ。

「〝ワークマシマシ〟とはいえ、せっかく遠方まで来たのだからアクティビティも少しは楽しんでもらいたいが、仕事の時間に支障をきたすことがないような行程にしたい」「現地での移動を含めて、効率的にオフサイト合宿を進めるためにはどうすればよいか」などと、ワーケーションの行程づくりに幹事が頭を悩ませるケースも多い。

図表4-1　立科WORK TRIPの行程表（例）

こうした企業の課題やニーズに対して、コーディネーターがきめ細かなサポートをしてくれる。**ワーケーションや遠隔地でのオフサイト合宿を実施する場合には企画者や幹事の負担が大きくなりがちだが、立科ＷＯＲＫ ＴＲＩＰの場合には専属コーディネーターに宿泊・ワークスペース・交通手段・食事のすべてをワンストップで手配してもらうことができる。**

ワーケーションにおいて参加者の満足度を下げる要因の1つとして「ワーケーション中の行程がみえづらいこと」があげられる。単なるタイムスケジュールだけを行程表として渡している地域も多いが、立科ＷＯＲＫ ＴＲＩＰでは参加者へ展開するための詳細な行程表（旅のしおり）まで提供してくれる（**図表4-1**）。このように、常に企業目線に立ったきめ細かなサポートが特徴的である。

絶妙な距離感

コーディネーターの渡邉氏のもう1つの魅力はその「絶妙な距離感」である。たとえば、参加企業のメンバーとは適度な距離感をもって接しつつ、会議が行き詰まっている様子を見かければ、予約なしでもできるちょっとしたアクティビティを紹介する、湖のほとりを皆で散歩しながらブレストするようなチームビルディング案を提示するなど、そのときの参加者のコンディションをみながら行う「予定不調和」なコーディネートが好評を博している。

「参加企業はあくまで仕事で成果を出すことを目的に立科WORK TRIPに参加しているのであって、観光やアクティビティがメインではない。あらかじめアクティビティでスケジュールを押さえてしまうのではなく、参加者同士の議論をより円滑にし、チームの関係性を深めるために最適なタイミングでアクティビティを提案すればよい」と渡邉氏は語る。

渡邉　岳志 氏
信州たてしなDMC

▼ 立科町のLake Office 女神湖

会議のための備品や通信環境も充実

立科町にはペンションからホテルまでさまざまな宿泊施設があるが、どこを選んでも同じレベルのワーク環境を整えられるのも強みである。Ｗｉ－Ｆｉはもちろん、プロジェクター、スクリーン、ディスプレイといった機材から、模造紙や付箋紙といった消耗品まで、すべて無償で貸し出し、設置・撤去の手間もない。事前に確認できるようにウェブサイトに機種や型番まで載せている徹底ぶりである。**すべては「参加企業のワーケーション中の仕事の密度を高める」ことが狙いだ。**

また2023年7月には、立科町のシンボルともいえる女神湖のほとりに新たなシェアオフィス Lake Office 女神湖（**写真**）がオープンした。近隣のホテルからは徒歩10分程度のアクセスで、大人数での会議ができるゾーンのほか、テレワークブースや大小の会議室が完備されており、目の前に広がる女神湖を眺めながら仕事ができる至高のワークスペースである。

「関係の質」を高めるためのアイスブレイク

立科ＷＯＲＫ ＴＲＩＰでは、観光庁の実証事業を通じてワーケーションプログラムの冒頭に利用できるアイスブレイクのためのコンテンツを開発している。モチベーショングラフや相互理解等のワークショップが5分程度の動画コンテンツ（**図表4−2**）としてまとまっており、それを活用すればお互いの価値観についての理解を数時間で深めることができる。

生産性の高い会議や議論を実施するためには心理的安全性を確保することが重要だ。特に開発合宿では、新たにプロジェクトにアサインされた初対面の人たちが参加することも多い。本章で解説したとおり、「結果の質」は「関係の質」を起点としたよい循環から生み出される。まさに開発合宿やオフサイト会議での成果創出に日々向き合ってきた立科ＷＯＲＫ ＴＲＩＰならではの視点である。

図表4-2　立科WORK TRIPによるアイスブレイクプログラム「相互理解ワークショップ」の動画コンテンツ

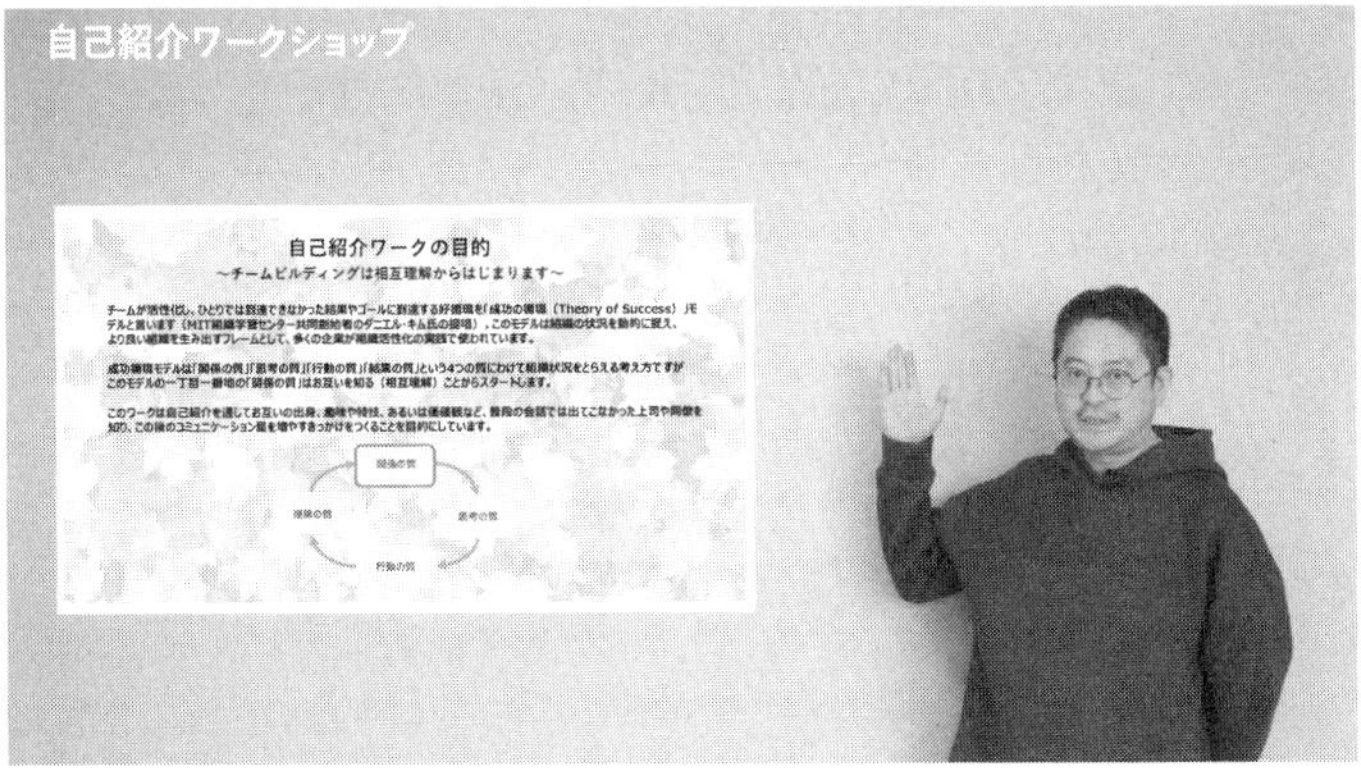

住民のためのテレワーク事業が起点

通常、多くの自治体ではワーケーションを観光振興や企業誘致の一環として推進していることが多いが、立科ＷＯＲＫ ＴＲＩＰには他自治体にはない特徴がある。それは**ワーケーションの推進が地域の雇用創造にダイレクトにつながっていく**という点だ。

立科町は前述のとおり人口は約７０００人で、産業構造としては約5割が製造業・建設業、2割が飲食業・サービス業となっている。高齢者や障害者、子育て中の方などにとってはこうした業種での就業機会はそれほど多くなく、オフィスワークの求人を探そうと思えば車で30分以上移動しなければ見つかりづらいという環境だ。

図表4-3　立科町社会福祉型テレワーク事業のビジョン

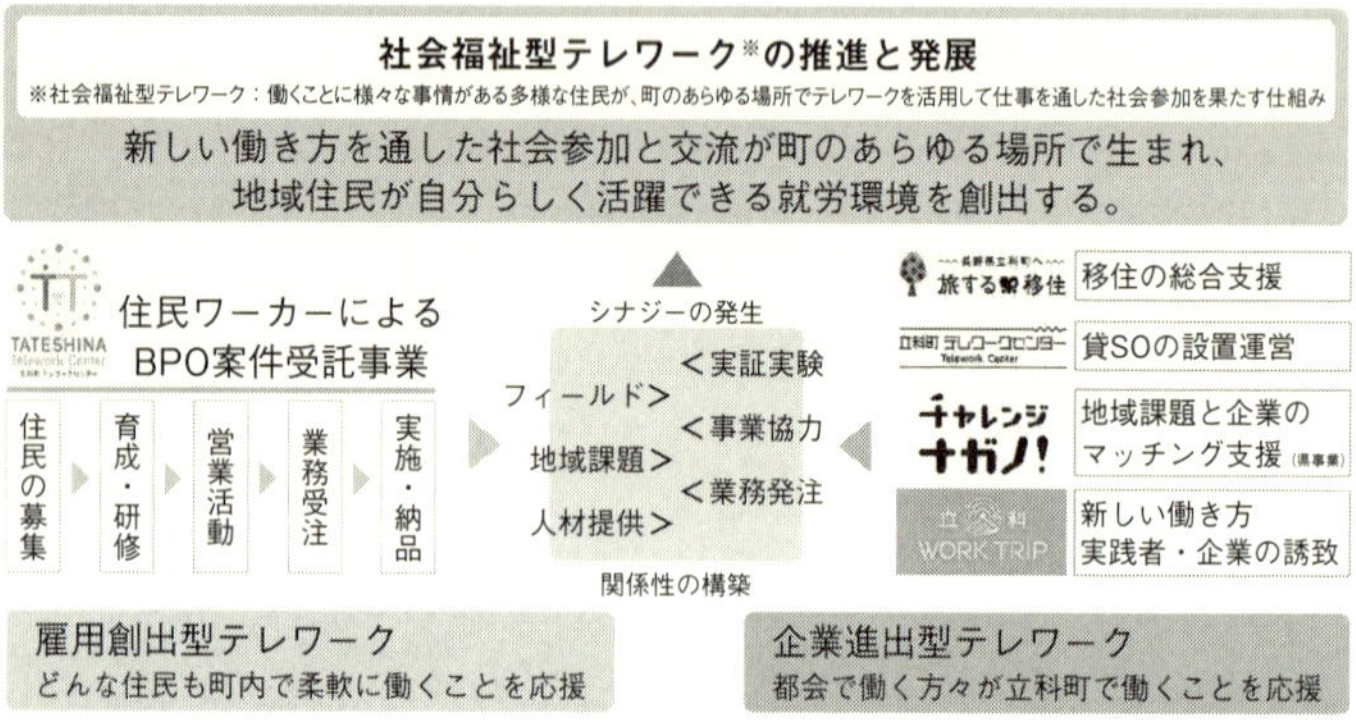

（出所）立科町「立科町テレワーク推進事業ビジョン」

立科町ではそうした方々を住民ワーカーとして登録してもらい、地域外の仕事をBPOとしてテレワークで受任する「社会福祉型テレワーク」（**図表4-3**）を展開している。立科町役場の近隣にテレワークセンターを設置し、住民がテレワークで就労する環境も整備されている。2023年2月時点で78名が住民ワーカーとして登録しており、その多くが子育て中の女性である。

地域外から仕事を受任していくためには、多くの企業に立科町を認知してもらうことが必要になるが、そのための手段の1つが立科WORK TRIPというわけだ。〝ワークマシマシ〟の企業向けワーケーション「立科WORK TRIP」をブランディングしていくことで、多くの企業に実際に立科町を訪れ、立科町のファンになってもらう。ファンになった企業が「社会福祉型テレワーク」を通じて立科町の住民ワーカーに仕事を依頼し、そこに新たな雇用が生まれるという好循環が実際の事例としても出てきている。

【取材協力】
信州たてしなＤＭＣ　**渡邉　岳志**氏

第4章

【理論編】

ワーケーション制度の導入プロセス

1 ワーケーション導入の5ステップ

ワーケーションの導入を本格的に検討するにあたっては、規程整備や具体的な手続、社内コミュニケーションなど考慮すべき事項が複雑に絡み合い、難しいと感じる方も多いのではないだろうか。そこで筆者は、次の5つのステップで段階的に取り組むことを提案している（**図表4−1**）。複数のステップに分けて考えることで、課題が発生した際にもその原因やボトルネックを特定しやすくなり、効率的に導入を進めることができる。

それぞれのステップの詳細については後ほど詳しく解説するため、ここでは各ステップの概要を説明しておく。

《ステップ1》制度導入の目的（ＷＨＹ）の言語化

ワーケーションという新しい働き方を導入し、組織にしっかりと根づかせるためには、制度導入の目的、すなわち〝ＷＨＹ〟を明確にすることが重要だ。

図表4-1　ワーケーション導入の5ステップ

（出所）筆者作成

筆者はこれまで、観光庁のワーケーション関連事業のアドバイザーとしてさまざまな企業の制度導入を支援してきたが、ワーケーションの制度導入が円滑に進んでいない企業では「ＷＨＹなきワーケーション推進」となっているケースが散見される。

それでは〝ＷＨＹ〟はどのように設定すればよいのだろうか。まず、ワーケーションという視点から離れ、自社の働き方や組織人事上の課題について俯瞰《ふかん》的な視点で洗い出してみることを推奨する。ワーケーションの導入は、企業にとって〝目的〟ではなく〝手段〟だ。フラットな目線で洗い出した組織人事上の課題を解くための最適なソリューションが本当にワーケーションなのかどうか。1歩引いて考えてみることが重要だ。

《ステップ2》自社のスタンスの明確化

ワーケーションの導入にあたっては、自社のスタンスを明確化することが求められる。ここでいうスタンスとは、大きく「応援」「中立」「容認」の3つだ。

応援は、会社として積極的に制度利用をポジティブに推進している状況。中立は、制度利用に対してネガティブではないが、会社としては推進もしていない状況。容認は、制度利用に対してはネガティブだが、特定の条件下でのみ利用を認めているといった状況を指す。

《ステップ3》人事規程の確認・整備

実際のワーケーションの導入に際しては、人事諸規程の整備が必要だ。たとえば、勤務場所、対象者、実施頻度、情報セキュリティ、労働時間、費用の負担といった項目を規程に定めておく必要がある。特に、労働時間を柔軟化するためにフレックスタイム制度や時間単位の年次有給休暇を導入する場合は、労働基準法に基づく導入手続がそれぞれ必要になるので留意したい。

また、旅先での緊急事態やリスクへの対応策も考えておかなければならない。自然災害や通信環境の不具合など、予期せぬ事態への対応策を明確にし、社員が安心してワーケーションを活用できる環境を整備することもこのステップに含まれている。

《ステップ4》トライアル導入と効果検証

本格導入する前に、期間限定でのトライアル導入を実施するのも有効だ。結果をもとに問題点や改善点を洗い出し、スムーズな本格導入につなげることができる。

トライアル期間を通じて、ステップ1で設定した制度導入の目的〝WHY〟が達成されているか、効果を検証することも重要だ。あらかじめ、トライアル導入で効果検証として測定する指針・指標を定めておくことが望ましい。

また、**ワーケーションをトライアルで実施した社員へのアンケートを実施する場合には、当事者だけではなく、同僚や上司からも意見をもらうことが効果的**である。

《ステップ5》本格導入

以上のステップを踏んだ後に、ワーケーションの制度導入を会社として正式に決定する。ステップ4で、できるだけ多くの社員の声や実証された効果に関する情報をしっかりと集めておくことが成功のカギとなる。

また、経営陣があまり前向きではないというケースもよく見かける。こうした場合にはステップ4の**トライアル導入のタイミングで経営陣にも参加を促し、効果を実際に体感してもらう**ということも有効な手段だ。

2 制度導入の目的(WHY)の言語化

導入するための大義名分を掲げる

ワーケーションを推進するうえでの最初のステップは、「制度導入の目的(WHY)を言語化すること」だ。〝WHY〟なき、ワーケーション導入は必ずといってよいほど失敗に終わる。

「新しい福利厚生制度としてワーケーションを導入したので、どうぞ皆さん使ってください」と伝えるだけでは、実際の制度利用に結びつかない。多くの場合、従業員側に「この制度は本当に利用してよいのだろうか?」という忖度《そんたく》が働いてしまうことが多い。

ましてや本書で紹介しているのは「経営戦略としてのワーケーション」である。企業としてのワーケーション導入が、具体的にどのような人事課題を解決するのか、という点をしっかりとこのプロセスで言語化し、経営陣全体で共通認識をもつことが極めて重要である。

従業員ニーズを分解する

人事施策はよりよい組織をつくるための手段であるが、いつのまにか手段が目的化してしまうことが多々ある。ワーケーションの導入についても、利用率を施策の効果測定のＫＰＩに設定すると、いつのまにか制度の利用率だけに目が向くようになり、本来の目的を忘れてしまうことにもなりかねない。

人事施策を導入しても、ユーザーである従業員に利用してもらえなければ全く意味がない。そのためには人事施策をある種の「プロダクト」として捉え、いかにしてユーザーのニーズにフィットさせていくかというマーケティング的な思考も重要となる。

マーケティングの分野では「ゲイン」と「ペイン」という概念がよく用いられる。ゲインとは「利得・あるとうれしいこと」、ペインとは「痛み・あると嫌なこと」を指すマーケティング用語だ。プロダクト開発においては、**自社のプロダクトを通じてどのようなペインを取り除くのか、ゲインを増やすのかを意識しなければならない。**こうしたユーザーに対する価値提案のフレームワークは「バリュー・プロポジション・デザイン」と呼ばれている（**図表４－２**）。

ただ、一般的にはゲインは「あったらいいな」レベルのことになりがちだ。お金や時間を費や

図表4-2　バリュー・プロポジション・デザイン

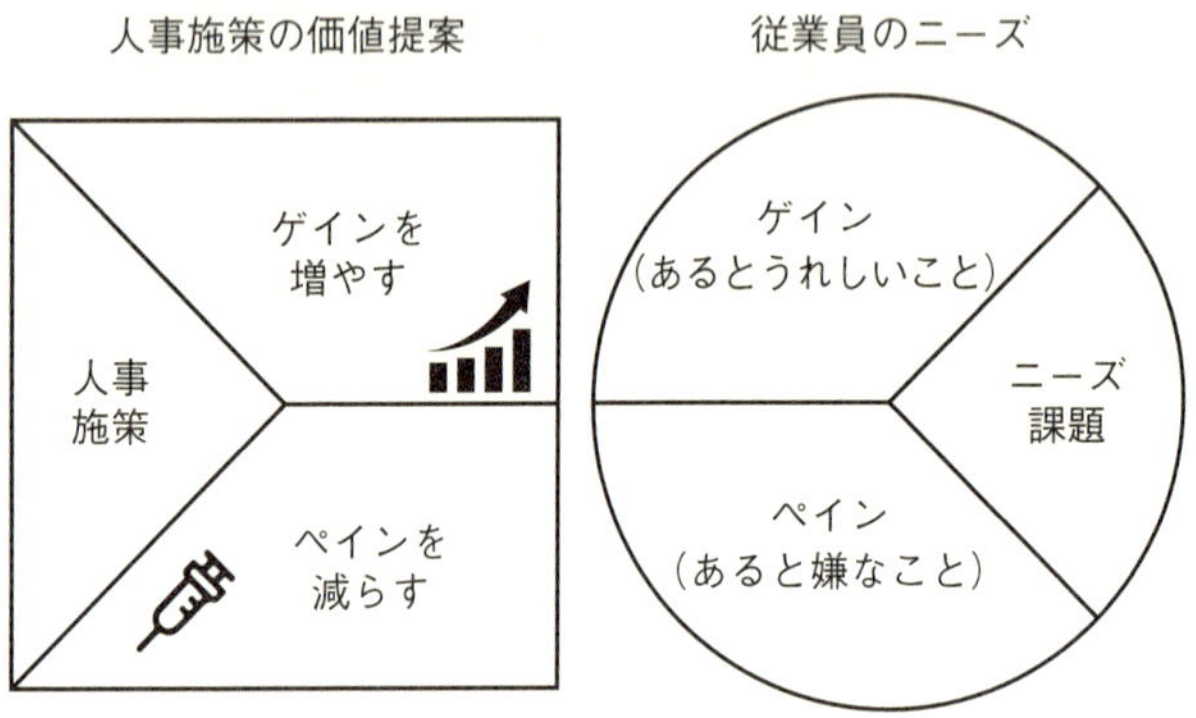

（出所）アレックス・オスターワルダー著、関美和翻訳『バリュー・プロポジション・デザイン　顧客が欲しがる製品やサービスを創る』（翔泳社）より筆者作成

してまで解決したい課題にはなりづらく、ペインにフォーカスしたほうがビジネスとしては成立しやすいとされている。

「ワーケーション」という制度を従業員に対して普及・浸透させていくうえでも、このゲインとペインという考え方が応用できる。具体的に、各企業・団体において現状把握で抽出した従業員のニーズを、ペインとゲインに分解してみると、色々な考察が可能になる。

たとえば「新たな出会いやアイデアを創出したい」というニーズはゲイン、「長期休暇が取得できない」「ストレスが高く、今後の体調が不安」といった声はペインに分類される。

現状把握の素材については、エンゲージメ

図表4-3　ワーケーションの導入メリット

企業（送り手側）

- 仕事の質の向上、イノベーションの創出
- 帰属意識の向上
- 人材の確保、人材流出の抑止
- 有給休暇の取得促進
- CSR、SDGsの取組みによる企業価値の向上
- 地域との関係性構築によるBCP対策
- 地方創生への寄与

従業員（利用者）

- 働き方の選択肢の増加
- ストレス軽減やリフレッシュ効果
- モチベーションの向上
- リモートワークの促進
- 長期休暇が取得しやすくなる
- 新たな出会いやアイデアの創出
- 業務効率の向上

行政・地域（受け手側）

- 平日の旅行需要の創出
- 交流人口および関係人口の増加
- 関連事業の活性化、雇用創出
- 企業との関係性構築
- 遊休施設等の有効活用

関連事業者（受け手側）

- 事業拡大および雇用創出
- 受入地域（行政）との関係性向上
- 自社のソリューション開発

（出所）観光庁ウェブサイト「新たな旅のスタイル　ワーケーション&ブレジャー」

ントサーベイの結果やストレスチェックの集団分析データ、また、在籍している従業員だけではなく、退職者や採用選考で辞退した候補者などの過去または未来の従業員のニーズも忘れずに把握しよう。重要なのは、「ワーケーション導入の結論ありき」ではなく、人事課題全体を俯瞰《ふかん》して眺めることだ。

従業員のどういったペイン・ゲインを解消するのかという点に着目すれば、自社に最適なワーケーション制度の設計も自ずとみえてくる。

たとえば、観光庁はワーケーションを導入することによる従業員のメリットについて、「働き方の選択肢の増加」「ストレス軽減やリフレッシュ効果」「モチベーションの向上」「リモートワークの促進」「長期休暇が取得し

やすくなる」「新たな出会いやアイデアの創出」「業務効率の向上」をあげている（**図表4－3**）。自社の従業員ニーズとワーケーションをマッチングさせる際の参考資料として活用してもらいたい。

具体的な事例の1つとして、日本航空（ＪＡＬ）は有給休暇取得率の向上を目指し、2017年に休暇利用中に仕事を行うテレワークを可とする「休暇型」のワーケーションを導入している。休暇目的の位置づけであるため、移動費や宿泊費などの費用は従業員自身の負担だが、労務管理においては、以前から実施していたテレワーク規程を軸に、業務の時間より休暇の時間を多くするなどの工夫を実施したところ、主に間接部門の社員を中心に2020年度は延べ約400人以上、2割以上がワーケーションを利用している。

このように、従業員がワーケーションの制度を利用することで結果的にそれが会社の人事課題の解消につながり、企業と従業員がウィン・ウィンになるような大義名分を掲げることが重要だ。

もちろん、**ワーケーション導入の〝ＷＨＹ〟は「従業員ニーズへの対応」だけではない。企業のパーパスやありたい組織文化などからブレイクダウンすることも有効だ。**

たとえば、ヤフーでは「どこでもオフィス」として、居住地の制限をなくし、新幹線や飛行機での出社も可能な制度を導入している。日本国内であればどこにでも居住でき、オフィス出勤時の交通費は月15万円を上限に支給される。この制度に設定された〝ＷＨＹ〟は、前例や正解がないニューノーマルの時代における新しい働き方を開拓していくという意思を示す、ということがプレスリリースにて開示されている。

なぜ自社はワーケーションを導入するのか、その結果、何を得たいのか――。ぜひ、この問いに十分に向き合ってもらいたい。

3 自社のスタンスの明確化

スタンスの違いがミスマッチを生む

ワーケーション経験者3500名に対して実施したパーソル総合研究所の調査結果をみると、ワーケーションに関する企業方針について「未方針」と「方針不明」を合わせると約4割となっており（**図表4－4**）、多くの人が会社のスタンスや方針がみえないなか、手探り状態でワーケーションを実施しているという状況がみてとれる。
ワーケーション導入の5ステップで、会社のスタンスには「応援」「中立」「容認」の3つがあると解説したが、それぞれをもう少し詳細にみていこう。

①　応援（推進）
会社として積極的にワーケーションの制度利用を推奨している状態。制度の利用浸透に向けてさまざまな投資等も行われている（たとえば、従業員に対する費用補助や会社の業務として取り扱われるチームワーケーションの実施など）。

②　中立
ワーケーションについて特段ネガティブではないものの、利用の有無は完全に従業員個々人に委ねられており、会社としては特段関与していない。

③　容認
ワーケーションの利用に対してはネガティブあるいはその効果については疑念を有しているが、特定の条件下でのみ限定的な利用を認めている。

会社としてのスタンスを明確化したら、「なぜそのスタンスなのか」という理由もセットで従業

図表4-4　ワーケーションに関する企業方針

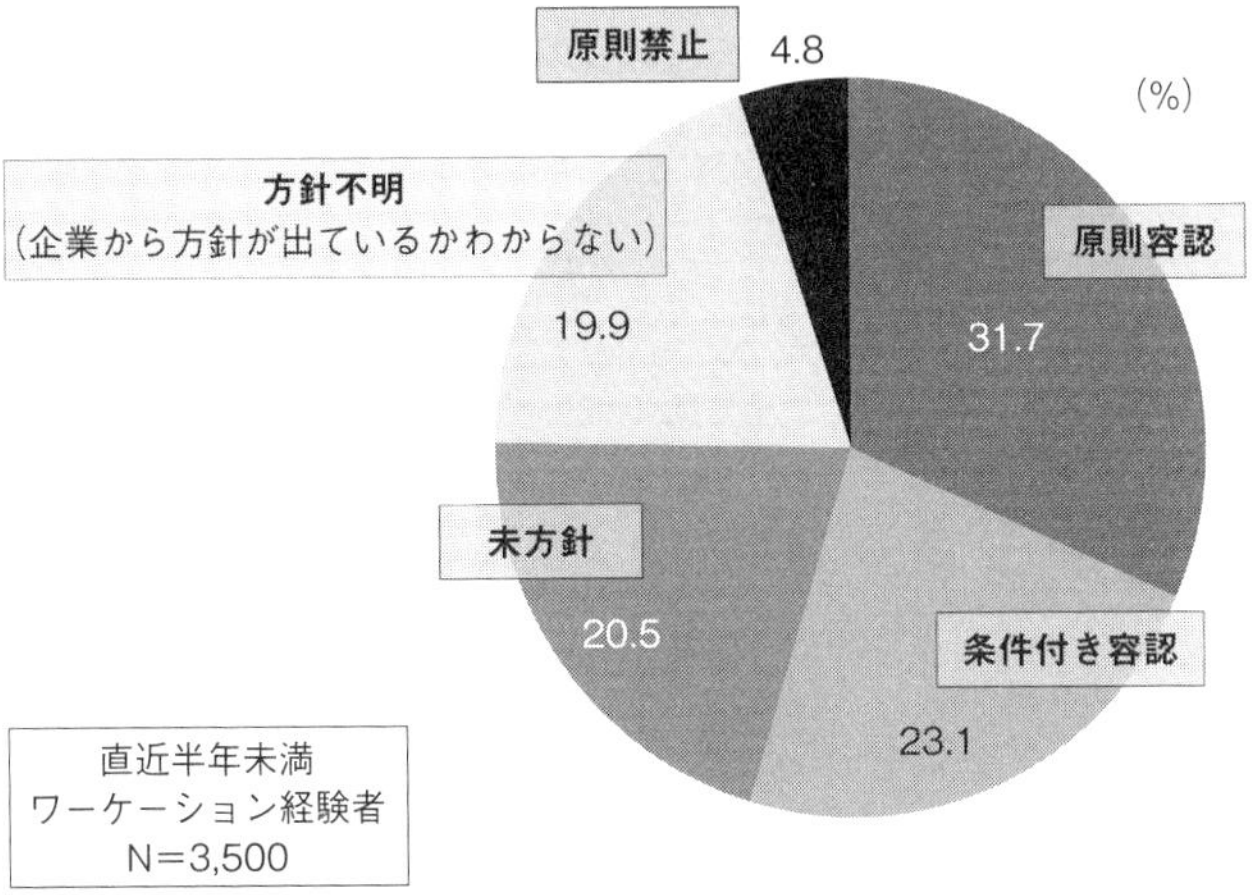

（出所）パーソル総合研究所「ワーケーションに関する定量調査」（2023年）

員に伝えたい。特に理由なき「容認」は、従業員側からみてモチベーションを下げる要因になる。

ズレがトラブルになった事例

スタンスとは会社全体の方針という意味合いだが、部署ごとの風土にも着目しなければならない。**会社としては全部署に「応援」のスタンスで推進しているけれども、特定の部署のなかでは制度利用についてネガティブな「風土」が広がっているというケースもよく見かける。**実際にこのような「制度」「スタンス」「風土」のズレが引き起こしたトラブル事例を1つみてみよう。

●転職活動時の面接にて「当社の社員は地方移住制度やワーケーション制度を活用しながら全国からテレワークで働いている」と聞き、その自由な働き方を魅力の1つに感じて入社したスタッフ
↓入社後しばらくしてから、地方移住制度やワーケーション制度の利用について上長に相談したところ、「地方移住制度は、当社では特別な事情がある人のみ適用している。ワーケーション制度は職種ごとの不公平感を招くおそれがあるため、この部署ではあまり利用は推奨していない」とネガティブな返答があった
↓転職活動時に人事部門から聞いていた話と実態が大きく異なったため、会社に対して不信感を募らせ、最終的には1年足らずで早期離職となった

採用活動のタイミングでは優秀な人材を採用したいがために美辞麗句を並べがちだ。しかしながら、**働き方についてはお互いの期待値や認識がズレやすいテーマであるため、自社の実態をなるべく純度高く伝えなければ、前述のケースのような早期離職につながってしまうこともある**（**図表4－5**）。

こうした期待ハズレを防ぐためには、積極的な情報開示が有効だ。たとえば前述のヤフーの

図表4-5　「制度」「スタンス」「風土」の“ズレ”が「期待ハズレ」に

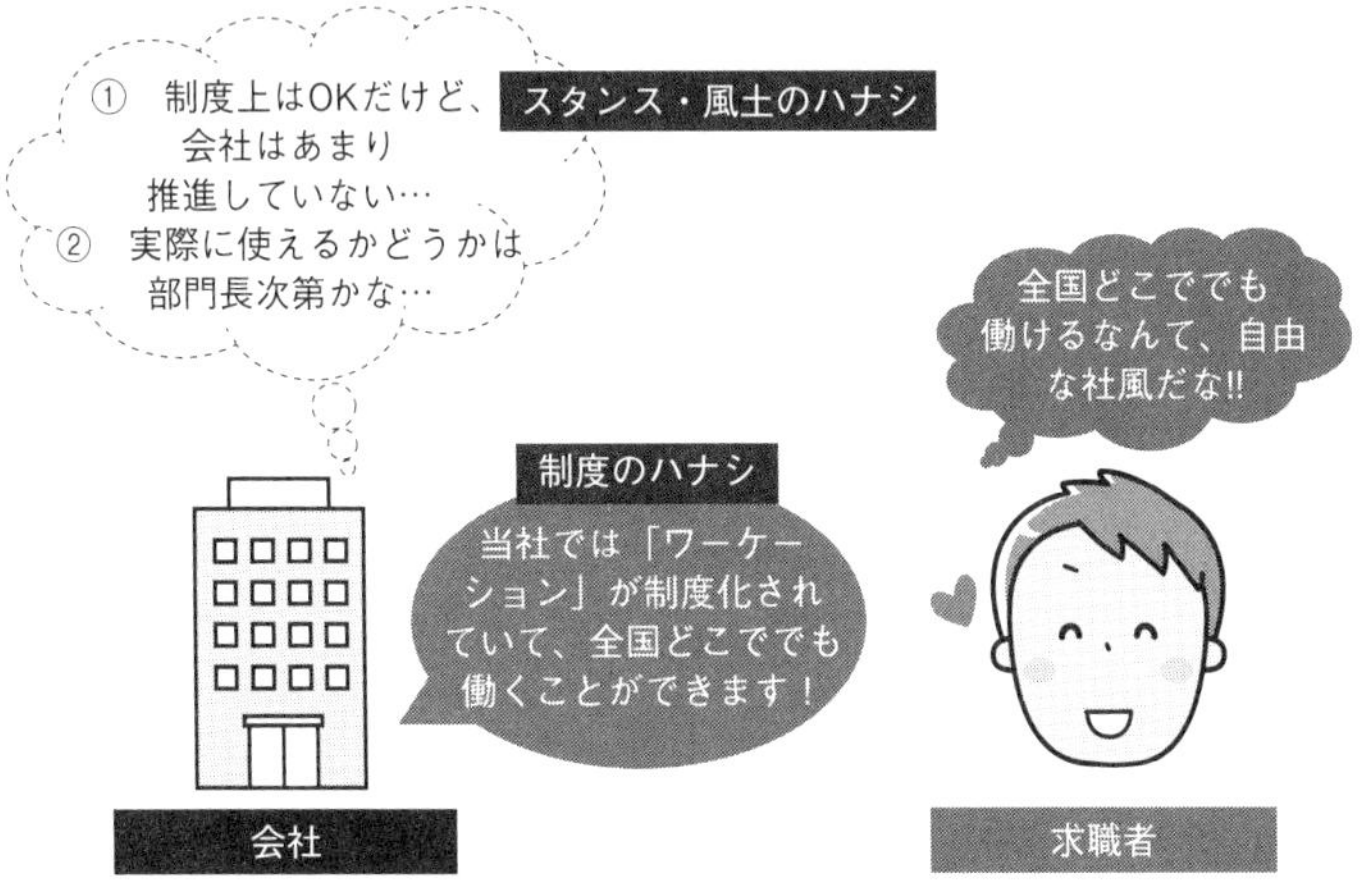
① 制度上はOKだけど、会社はあまり推進していない…
② 実際に使えるかどうかは部門長次第かな…
スタンス・風土のハナシ
全国どこででも働けるなんて、自由な社風だな!!
制度のハナシ
当社では「ワーケーション」が制度化されていて、全国どこででも働くことができます！
会社
求職者

（出所）筆者作成

「どこでもオフィス」では、制度の利用状況をプレスリリースで詳細に公表している。

白けのイメトレ

会社としてはワーケーションを応援（推進）のスタンスで積極的に現場に浸透させようとしているが、現場が制度に対して“白けている”ということも多々ある。このような場合には、**図表4－6**のようなマトリクスを活用して各部署の風土を可視化・プロットしたうえで、特に会社のスタンスとズレが生じている部署に対しては、部門長へのより丁寧な説明の機会を設ける、導入に向けた課題をヒアリングすると

図表4-6　会社のスタンスと現場の風土のマトリクス

現場の風土＼会社のスタンス	応援	中立	容認
応援	企画部門 管理部門 開発部門	—	—
中立	営業部門	—	—
容認／ネガティブ	製造部門 事務部門	—	—

（出所）筆者作成

いった取組みも重要となる。

ワーケーションに現場が白ける大きな原因は、「会社はどうせ現場のニーズなんてわかっていない」という会社や人事部門に対するあきらめ感・失望感にある。

制度導入の目的（ＷＨＹ）の言語化において、従業員のニーズ、特にペイン（痛み・あると嫌なこと）をしっかりとくみとることの重要性について解説したが、会社からの制度の押しつけにならないよう注意したい。

ちなみに、インターネット広告事業の大手、サイバーエージェントでは新しい人事施策を組織内に導入する際には「白けのイメトレ」というプロセスを経るそうだ。**この施策を導入したときに「①誰に白けが生まれるか？」「②どんなセリフの白けか？」「③対処すべき白けは何か？」という3つについてあらかじめ徹底的に考える。**この際、すべての白けに対処しようとするのではなく、あくまで制度を導入する際の目的に照らして優先順位づけを行う。

ワーケーションであれば、テレワークが難しい職種に従事する社員（前述の①）から、「ワーケーションなんてどうせ私たちは蚊帳の外だから、企画職の人がうらやましい」（同②）といった白けが出てくることが想定される。こうした〝白けのセリフ〟をひととおり洗い出し、対応策を事前に講じることが、制度導入時の会社と従業員との間の温度差を解消することに結びつく。

4 人事規程の整備、トライアル導入と効果検証、本格導入

人事規程の確認・整備

ワーケーションの制度導入に際して、規程がないというのがボトルネックになっているという話をよく耳にする。しかしながらワーケーション導入にあたって、規程の整備は、実はそこまで重たいテーマではない。

経団連が公表している「企業向けワーケーション導入ガイド」では、**図表4－7**のようなフローチャートで整備すべき規程の内容とその手順が解説されている。

このフローチャートは、「在宅以外でのテレワークが可能か否か」という分岐からはじまる。当然ながらそもそもテレワークが可能でなければ、ワーケーションは導入できない。次の分岐は「テレワークを行う地域・滞在先を働き手が自主的に決めることが可能か」である。働き手個人が

図表4-7　ワーケーションを導入検討する際の労務諸規程整備対応フローチャート

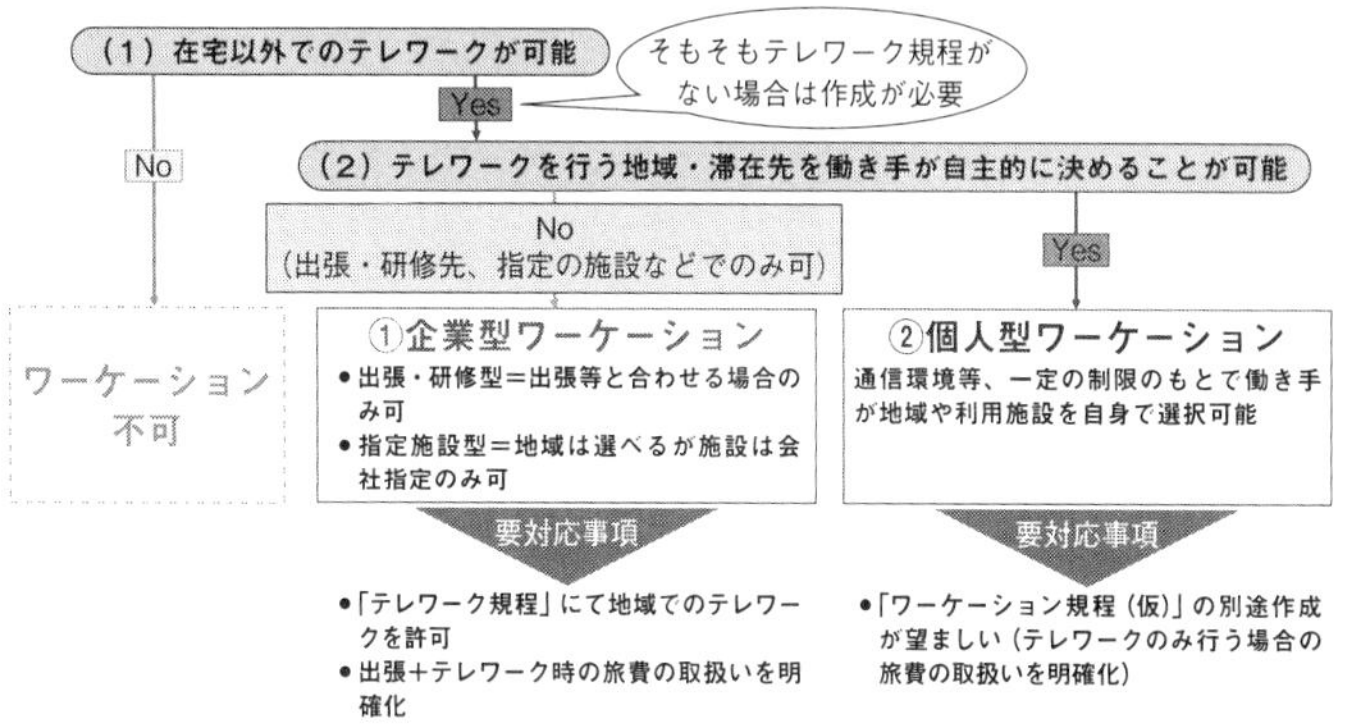

（出所）経団連「企業向けワーケーション導入ガイド」（2022年7月19日）より作成

ワーケーション先を決めるのではなく、会社側の出張命令や研修として実施するのであれば、ワーケーション規程まで整備することは不要だ。テレワーク規程と出張旅費規程を運用することで十分に対応できる。

一方、ワーケーション先を働き手が自由に決められる場合には、ワーケーション規程を制定することが望ましい。この場合も**経団連が「ワーケーションモデル規程」を公開しているので、ワーケーションの導入にもベースとして活用することが可能**となっている。経団連のワーケーションモデル規程は全11条から構成されており、勤務場所や労働時間、対象者の申請承認手続、費用負担、連絡体制など、規程として定めておくべき項目が網羅されている。

トライアル導入と効果検証

ワーケーション制度を本格導入する前には、可能な限りトライアル導入のプロセスを挟んでおくことが望ましい。トライアル導入にあたっては、まず地域選定とプログラム作成からはじまる。本書では特に企業型ワーケーションの先進地域を事例として掲載しているので、どの地域でワーケーションをすべきか悩んだ際には、ぜひ参考にしてみてほしい。

ワーケーションの先進地域であれば、一般に、地域ごとにコーディネート団体が存在する。コーディネート団体に「ワーケーションの導入目的」（ＷＨＹ）をしっかりと伝えたうえで、トライアル導入する際のプログラムを一緒につくり込んでいこう（**図表４－８**）。

ワーケーションの成否は、コーディネート団体等の力量に大きく左右される。話し合いの段階で相性が合わない、あるいはあまり自社のニーズをくみとってくれないと感じたら、遠慮せずに別の地域を選定したほうがよい。

トライアル導入中に何を検証するのか、ということについても事前に決めておく必要がある。これも最初のステップで設定した「ワーケーションの導入目的」（ＷＨＹ）を起点に考える。

ワーケーションの導入によって、何を成果として求めていたのかがきちんと検証できるように、

図表4-8　ワーケーションのプログラム作成とトライアル

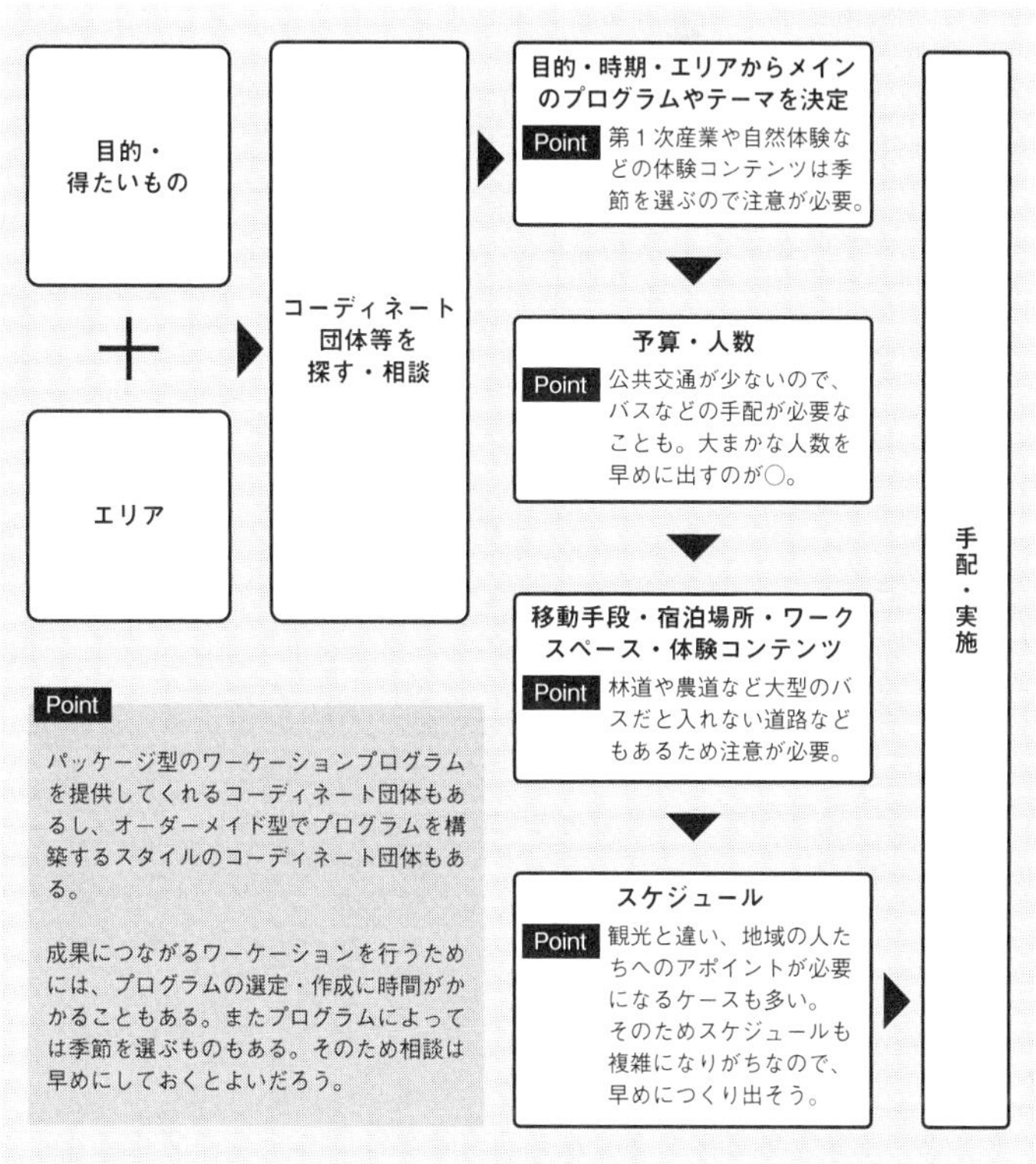

（出所）和歌山県「ローカルな素材を活用した企業課題解決型ワーケーション」より作成

事前に測定項目や評価項目を設計しておこう。

経営人材の育成が主眼であれば、ワーケーション参加者の意識変容や行動変容がモニタリングすべき指標になるだろうし、エンゲージメント向上が目的であれば、個人やチーム全体のエンゲージメント指標を測定する必要がある。

併せて、リスクの洗い出し・評価もこのトライアル導入の段階で実施することになる。保守的な企業であれば、本格導入の際にはさまざまなリスクへの懸念が生じる。本格導入を決議する際に、指摘されそうなリスクについてはトライアル導入の間に可視化・分析し、対応策を検討しておこう。リスクという観点では、労務、税務・経費負担、セキュリティ、ワーケーション中の事故・災害などが例としてあげられる。詳細は第5章で解説しているのでご一読いただきたい。

本格導入

会社として正式に制度導入が決定した後は、社員に対する制度説明を実施する。制度導入の目的や規程、ルールに関する制度説明会を開催することが望ましい。また、ワーケーションは一度導入すれば終わりではない。制度の導入目的（ＷＨＹ）に即したＫＧＩ（最終的な成果を評価する指標）・ＫＰＩを設定し、常にＰＤＣＡサイクルを回しながら改善を図っていくことが重要だ。

本章ではワーケーションを制度導入する際のプロセスについて解説してきたが、**何よりも大切なのは、導入担当者のワーケーションに対する情熱**である。ワーケーションに限らず、新たな施策には必ず反対意見が付きまとう。そのときにも、自社の経営課題や組織課題が、ワーケーションによって解決するという強い信念と使命感をもって取り組む担当者の存在が、ワーケーション導入の成否を決めるといっても過言ではない。

COLUMN 5 パソナJOB HUB

都内近郊でのワーケーションを活用したチームビルディング

多様な働き方と雇用ポートフォリオからなる組織

総合人材サービス企業のパソナグループでは、東北・京丹後・淡路島など、全国で自治体や地元企業、地域の方々と連携しながら、「人材誘致」による独自の地方創生事業を実施している。

グループ会社であるパソナJOB HUBでは、地域貢献をしたい都市部のビジネスパーソンと、課題解決などを望む地域企業を共感でつなぐ「複業マッチングサービス」と、地域に滞在しながら企業が人材研修や事業開発などを行う「越境学習・ワーケーションサービス」の企画運営などを手がけている。

同社のソーシャルイノベーション部は「旅するようにはたらく」というコンセプトを掲げ、そ

図表5－1　多様な働き方と雇用ポートフォリオ

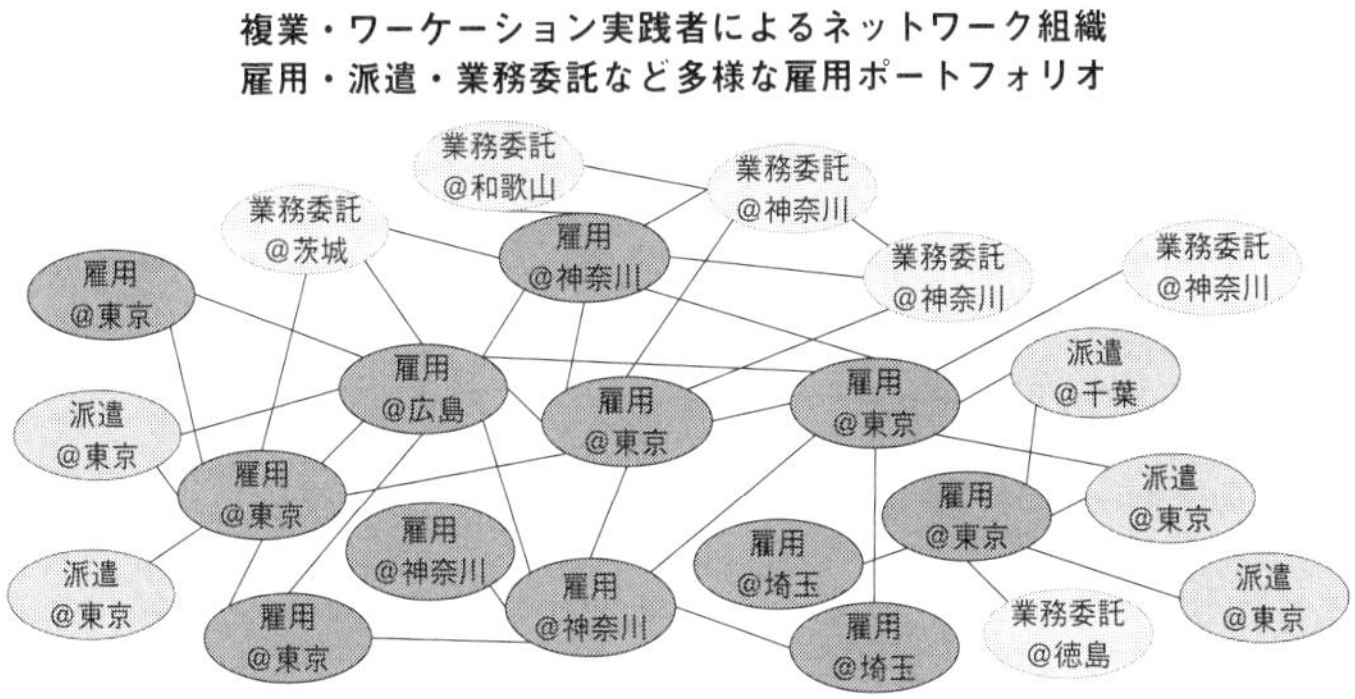

（出所）パソナJOB HUB

のコンセプトに共感した仲間たちが全国各地から集まっている。メンバーの雇用形態も雇用・派遣・業務委託と多種多様で、本業として取り組むフルタイムの人材もいれば、複業として参画している者もいて、多様な雇用ポートフォリオを管理・活用しながら新たな価値を創造する、新時代の組織のあり方を体現している（**図表5－1**）。

キックオフミーティングでワーケーションを活用

ダイバーシティに富んだ複雑性の高い組織をまとめあげていくためには、チームビルディングやエンゲージメント施策の展開が極めて重要となるが、同社では半年に一度開催されるキックオフミーティングにワーケーションをうまく活用している。子育て

▼小田原市根府川にある「Workcation House U」

中のメンバーもいるため、基本的には日帰りでも参加が可能な都内近郊の地域をワーケーション先として選定しており、直近では山梨県富士吉田市、神奈川県小田原市、千葉県千葉市などで開催されている。

筆者も神奈川県小田原市で開催されたキックオフミーティングに本書の取材を兼ねて同席させてもらったが、メンバー同士の相互理解のための時間、各チームの取組み状況を理解するための時間、今後のビジョンを皆で共有するための時間と、1日とは思えない非常に濃密なプログラムが実施されていた。特に最後のビジョンを共有するための時間では、「パソナJOB HUBとして社会に対してどのようなインパクトを生み出していきたいか」という問いに対してワークショップ形式で取り組んでいたが、このような抽象度が高いテーマであるにもかかわらず、どのグループでも活発な議論がなされていたことが印象的であった。

ちなみに、会場となった「Workcation House U」（**写真**）は相模湾の水平線を一望できる眺望のよいコワーキングオフィスだ。都市部近郊でワーケーションを行う際は、できる限り非日常感あふれる会場を選定することが重要である。

「多様性」か「烏合の衆」か

イノベーションのためには組織の多様性が重要であると叫ばれて久しいが、「多様性」の意味をはき違えている組織も少なくない。

本来の意味での「多様性」とは、**ビジョンやパーパスの共有を基盤としたうえで、さまざまな価値観やバックグラウンドを有する人材が集うこと**である。ビジョンやパーパスの共有を前提とせず、表層上のダイバーシティだけを推進すれば、それは「烏合の衆」となってしまう（**図表5－2**）。

多くの企業・組織でオフサイトミーティングの開催が主流となってきたが、アジェンダが単なる業績報告会や方針発表会になってしまっているケースも散見される。**オフサイトミーティングを実施する際には、その組織のビジョンやパーパスを各メンバーが咀嚼《そしゃく》して、議論し合う時間を**

図表5－2　"多様性"と"烏合の衆"

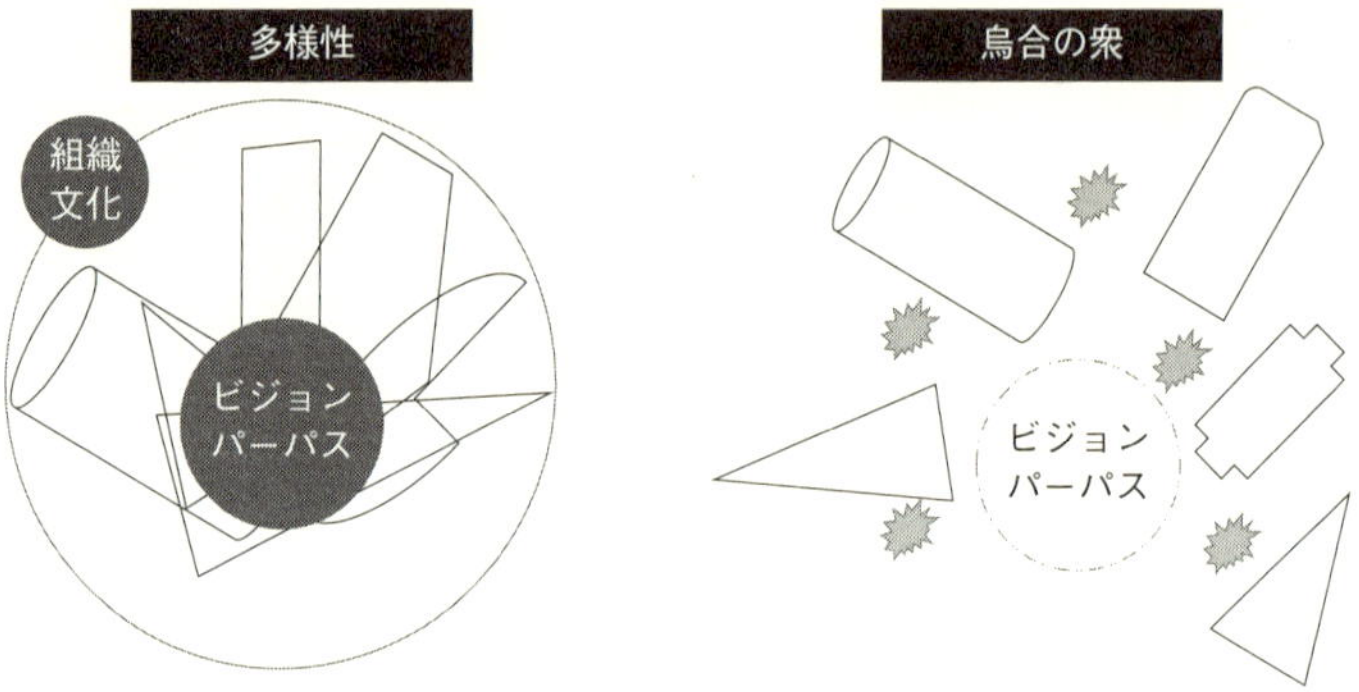

（出所）筆者作成

確保することで、真の意味での組織の多様性が実現しうるのではないかと考える。

できれば、オフサイトミーティングには、同社のようにオフィスから近い場所でのワーケーションもうまく活用してもらいたい。豊富な自然環境のなかでのバイオフィリア効果（自然と触れ合うことでストレスが軽減され、集中力が高まる効果）によって、アイデアや議論の質も向上するはずだ。

【取材協力】
パソナJOB HUB
ソーシャルイノベーション部長　加藤遼氏
ソーシャルイノベーション部副部長　野島祐樹氏
ワーケーションチーム長　山口春菜氏

第5章

【理論編】

ワーケーションと労務管理

1　ワーケーションと労務管理の基本的な考え方

ワーケーションはテレワークの一形態に過ぎない

企業の労務担当者の方と話をしていると「ワーケーションは極めて特殊な働き方」であると誤解されているケースが多い。労務管理の相談対応の現場では、ワーケーションの導入に際しては規程や社内ルールの整備に膨大な工数が発生するというイメージをもっている方が多く、それが日本企業でワーケーションの普及率が低い1つの要因となっている。テレワーク環境が整備されていない企業においては確かに一定のハードルはあるかもしれないが、既にテレワークが可能な組織であれば、実はワーケーション導入において、労務管理上、新たに検討しなければならない論点はさほど多くない。

厚生労働省の「テレワークの適切な導入及び実施の推進のためのガイドライン」では、テレ

図表5-1　テレワークの形態

在宅勤務	通勤を要しないことから、事業場での勤務の場合に通勤に要する時間を柔軟に活用できる。また、たとえば育児休業明けの労働者が短時間勤務等と組み合わせて勤務することが可能となること、保育所の近くで働くことが可能となること等から、仕事と家庭生活の両立に資する働き方である。
サテライトオフィス勤務	自宅近くや通勤途中の場所等に設けられたサテライトオフィス（シェアオフィス、コワーキングスペースを含む）での勤務は、通勤時間を短縮しつつ、在宅勤務やモバイル勤務以上に作業環境の整った場所で就労可能な働き方である。
モバイル勤務	労働者が自由に働く場所を選択できる、外勤における移動時間を利用できる等、働く場所を柔軟にすることで業務の効率化を図ることが可能な働き方である。

※テレワーク等を活用し、普段のオフィスとは異なる場所で余暇を楽しみつつ仕事を行う、いわゆる**「ワーケーション」についても、情報通信技術を利用して仕事を行う場合には、モバイル勤務、サテライトオフィス勤務の一形態として分類**することができる。

（出所）厚生労働省「テレワークの適切な導入及び実施の推進のためのガイドラインパンフレット」より作成

ワークの形態を「在宅勤務」「サテライトオフィス勤務」「モバイル勤務」に整理したうえで、「いわゆる『ワーケーション』についても、情報通信技術を利用して仕事を行う場合には、モバイル勤務、サテライトオフィス勤務の一形態として分類することができる」とされている（**図表5－1**）。

テレワークについてはコロナ禍でBCP的に臨時導入したが、いまだルールが明文化されていないという企業も多いはずだ。このような場合には**ワーケーションの制度導入に先立って、まずは「テレワーク規程」を制定するとよい。**テレワーク規程で定めるべきことは**図表5－2**のとおりであ

図表5-2　テレワーク規程で定めるべきこと

テレワークを円滑かつ適切に、制度として導入し、実施するにあたって
あらかじめ労使で十分に話し合っていただきたい事項の一例

導入目的	対象業務	対象となりうる労働者の範囲
実施場所	テレワーク可能日（労働者の希望、当番制、頻度等）	申請等の手続
費用負担	労働時間管理の方法や中抜け時間の取扱い	通常または緊急時の連絡方法

（出所）厚生労働省「テレワークの適切な導入及び実施の推進のためのガイドラインパンフレット」より作成

る。

実際にテレワーク規程を作成する際には、厚生労働省が提示している「モデルテレワーク就業規則」をベースにしたうえで、社会保険労務士等の専門家に相談しながら、自社の状況に沿ったものにカスタマイズすることをおすすめする。第4章でも解説したとおり、企業型の出張等に基づくワーケーションのみであれば、このテレワーク規程と出張旅費規程を組み合わせればワーケーション規程を制定する必要性は大きくない。

また、個人がワーケーション先を自由に決められる場合には、経団連のワーケーションモデル規程を参考にルールを制定することが望ましいが、この場合もわざわざ規程を新設しなくても、テレワーク規程の一部として運用しても問題ない。

図表5-3　ワーケーションの報告状況

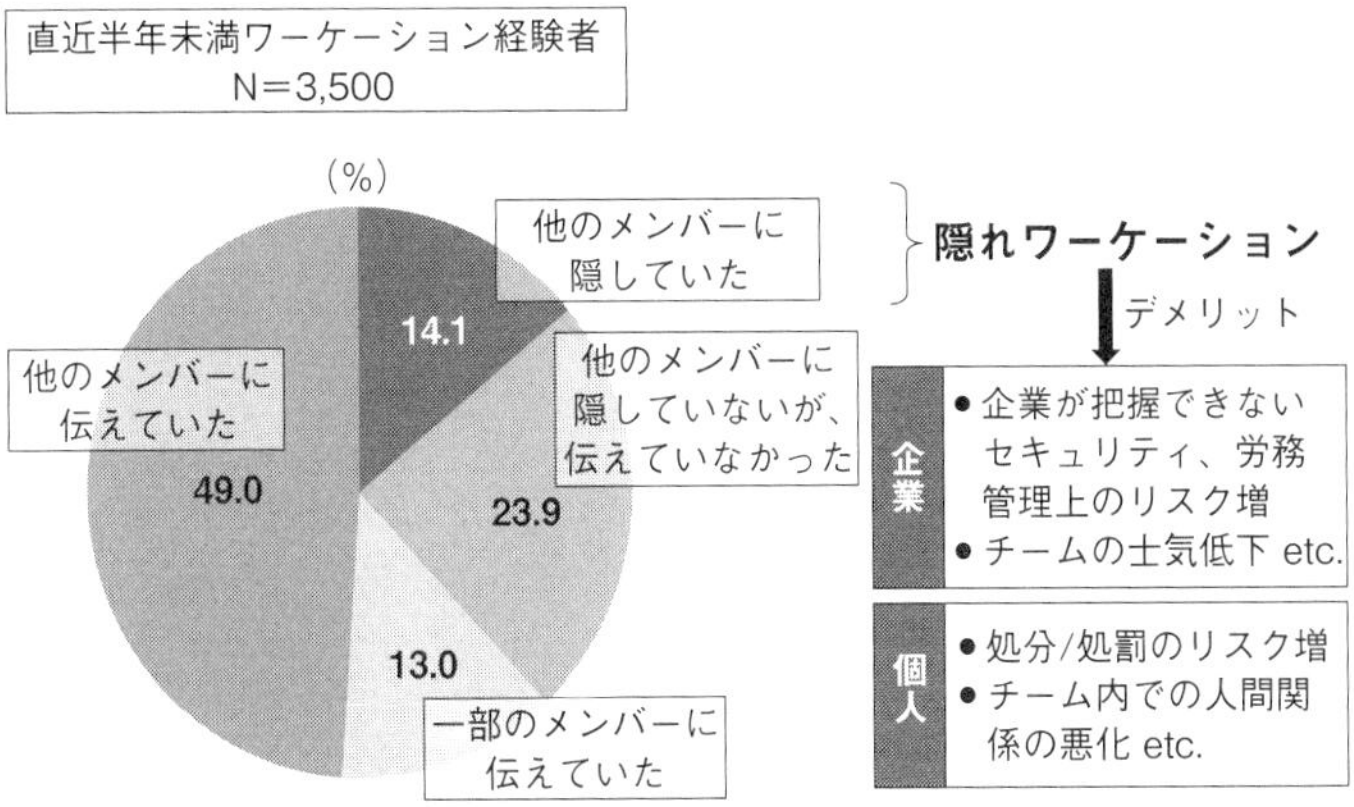

（出所）パーソル総合研究所「ワーケーションに関する定量調査」（2023年）より作成

増えつつある隠れワーケーター

自社ではいまだ積極的にワーケーションを推進するフェーズではないため、ワーケーションに関するルールの整備は必要ないという企業の労務担当者の声も多い。しかしながら、パーソル総合研究所が２０２３年に実施した調査によれば、ワーケーション経験者の約14・1％が他メンバーに隠れたワーケーション、いわゆる「隠れワーケーション」を実施していることが明らかになっている（**図表５－３**）。

本章でも後ほど詳しく解説するが、ワーケーションには企業として対応しなければならない労務管理上のリスク（事故・怪我、セキュリティ等）がいくつか存在する。「隠れワーケー

図表5-4　ワーケーションの効果を最大化する「三種の神器」

ション」が一定程度存在するということは、こうしたワーケーションに伴うリスクを企業として認識・対応できていないということに他ならない。同調査によれば、ワーケーションを容認している企業のほうが「隠れワーケーション」は発生しにくいという結果になっており、今後はワーケーションを一律に禁止するよりもむしろ、ワーケーションに関するルールを積極的に整備したうえで容認し、企業として適切に管理するほうが安全といえる。

ワーケーションの効果を最大化する「三種の神器」

ワーケーションの労務管理というテーマになると、どうしても「リスクを管理する」という視点になりがちである。しかしながらワーケーションの本来の目的に立ち返れば、リスクをおそれるあまり、働き方をルールでガチガチに縛ってしまっては本末転倒だ。

ワーケーションの労務管理を検討するうえでは、いかにして本来のワーケーションの目的や効果を最大化していくか、という視点で向き

合ってもらいたい。

ここから、ワーケーションの効果を最大化させるための労務管理の「三種の神器」として、①フレックスタイム制、②副業・兼業、③柔軟な休暇制度について、それぞれ解説していく（**図表5－4**）。いずれも「目の前の仕事」だけではなく、ワーケーション先の地域との接点・コミュニケーションを増やし、越境学習を推進するための「攻めの労務管理」である。

2 ワーケーション三種の神器① フレックスタイム制

労働時間の柔軟性が重要

ワーケーションの効果を最大化するためには、労働時間の柔軟性を高めるためのフレックスタイム制の導入が望ましい。フレックスタイム制とは、1日の労働時間を固定するのではなく、一

図表5－5　フレックスタイム制のイメージ

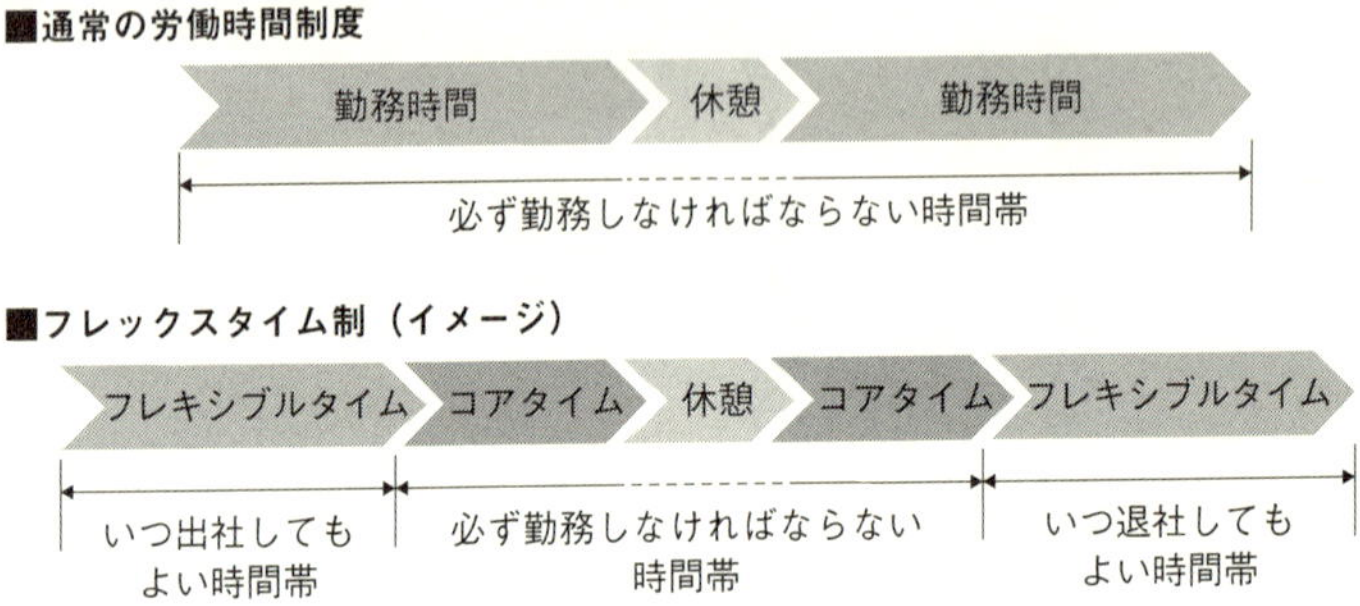

※フレキシブルタイムやコアタイムは必ずしも設けなければならないものではない。コアタイムを設定しないことによって、労働者が働く日も自由に選択できるようにすることも可能。また、フレキシブルタイムの途中で中抜けするなどといったことも可能。

（出所）厚生労働省「フレックスタイム制のわかりやすい解説＆導入の手引き」より作成

定の期間（通常1カ月であることが多い）についてあらかじめ定めた総労働時間の範囲内で労働者が日々の始業・終業時刻、労働時間を自ら決めることのできる制度だ（図表5－5）。

フレックスタイム制を導入していない場合には、労働日ごとに定められた所定労働時間を全うしなければならないため、ワーケーション先であっても所定労働時間は業務に専念しなければならない。逆に、フレックスタイム制が導入されていれば、通常、1カ月単位で定められた総労働時間を満たせばよいため、ワーケーション中は業務に従事する時間を減らす、あるいは中抜けしてワーケーション先での観光を楽しむ、というような柔軟な運用が可能となる。

厚生労働省の「令和5年就労条件総合調査」によれば、フレックスタイム制の導入率は1000人以上の大企業では30・7％であるのに対して、全体では6・8％と企業規模による差が大きい。

フレックスタイム制はワーケーション以外にも、従業員のワークライフバランスの充実や生産性向上にも資する制度である。まだ導入されていない企業はぜひ、これを機に検討してみてもらいたい。

フレックスタイム制の導入手続

フレックスタイム制を導入するためには、次の2つの手順が必要になる。

①　就業規則等に「始業・終業時刻を労働者の決定に委ねること」を定める

②　労使協定で次の項目について定める

- 対象となる労働者の範囲
- 清算期間（上限3カ月だが、1カ月単位としている企業がほとんど）
- 清算期間における総労働時間（清算期間における所定労働時間）

- 標準となる1日の労働時間
- コアタイム／フレキシブルタイム（任意）

なお、労使協定とは、労働者と使用者（会社）との間での書面による協定のことで、労働者側は事業場内の過半数労組もしくは過半数代表者が締結当事者となる。実務的には就業規則には記載があるものの、労使協定が適切に締結されていないケースも散見されるので注意が必要だ。就業規則、労使協定については、厚生労働省の記載例を**図表5－6**、**図表5－7**に掲載しているのでぜひ参考にしてもらいたい。

フレックスタイム制の設計時の論点

フレックスタイム制の設計上の論点は、まずコアタイム／フレキシブルタイムを設定するかどうか、である。コアタイムとは労働者が必ず勤務しなければならない時間帯のことで、フレキシブルタイムとは労働者が自身の選択により労働することができる時間帯を指す。

コアタイムやフレキシブルタイムは必ずしも設けなければならないものではなく、コアタイムを設定しないことによって、労働者が働く日も自由に選択できるようにすることも可能だ。コア

図表5-6　フレックスタイム制　就業規則の記載例

（適用労働者の範囲）
第○条　第○条の規定にかかわらず、営業部及び開発部に所属する従業員にフレックスタイム制を適用する。

（清算期間及び総労働時間）
第○条　清算期間は1箇月間とし、毎月1日を起算日とする。
②　清算期間中に労働すべき総労働時間は、154時間とする。

（標準労働時間）
第○条　標準となる1日の労働時間は、7時間とする。

始業・終業時刻を従業員の自主的決定に委ねる旨を定める必要がある

（始業終業時刻、フレキシブルタイム及びコアタイム）
第○条　**フレックスタイム制が適用される従業員の始業および終業の時刻については、従業員の自主的決定に委ねるものとする。**ただし、始業時刻につき従業員の自主的決定に委ねる時間帯は、午前6時から午前10時まで、終業時刻につき従業員の自主的決定に委ねる時間帯は、午後3時から午後7時までの間とする。
②　午前10時から午後3時までの間（正午から午後1時までの休憩時間を除く。）については、所属長の承認のないかぎり、所定の労働に従事しなければならない。

（その他）
第○条　前条に掲げる事項以外については労使で協議する。

（出所）厚生労働省「フレックスタイム制のわかりやすい解説&導入の手引き」より作成

タイムを設定しないフレックスタイム制のことを「フルフレックス」または「スーパーフレックス」と呼ぶことが多く、これらはワーケーションとの相性が極めてよい。

ただし、コアタイムを設けない場合には勤務時間を完全に労働者に委ねることになるため、たとえば会社側から働く時間を指定することが難しくなる。自律的に働くことができる従業員であれば問題ないと思われるが、ある程度日中の決まった時間に勤務しなければならないような職種や、業務上の裁量がまだ与えづらい新人などに対して、コアタイムを設けないフレックスタイム制を適用

図表5-7　フレックスタイム制　労使協定の記載例

○○産業株式会社と○○産業労働組合とは、労働基準法第32条の3の規定にもとづき、フレックスタイム制について、次のとおり協定する。

（フレックスタイム制の適用社員）

第○条　営業部及び開発部に所属する従業員にフレックスタイム制を適用する。

（清算期間）

第○条　労働時間の清算期間は、4月、7月、10月、1月の1日から翌々月末日までの3箇月間とする。

（総労働時間）

第○条　清算期間における総労働時間は、1日7時間に清算期間中の所定労働日数を乗じて得られた時間数とする。

総労働時間＝7時間×3箇月の所定労働日数
（1日の標準労働時間）

第○条　1日の標準労働時間は、7時間とする。

（コアタイム）

第○条　必ず労働しなければならない時間帯は、午前10時から午後3時までとする。

（フレキシブルタイム）

第○条　適用社員の選択により労働することができる時間帯は、次のとおりとする。

始業時間帯＝午前6時から午前10時までの間
終業時間帯＝午後3時から午後7時までの間
（超過時間の取扱い）

第○条　清算期間中の実労働時間が総労働時間を超過したときは、会社は、超過した時間に対して時間外割増賃金を支給する。

（不足時間の取扱い）

第○条　清算期間中の実労働時間が総労働時間に不足したときは、不足時間を次の清算期間にその法定労働時間の範囲内で繰り越すものとする。

（有効期間）

第○条　本協定の有効期間は、○○年○月○日から1年とする。


（出所）厚生労働省「フレックスタイム制のわかりやすい解説＆導入の手引き」

する場合には、慎重な検討が必要である。

フレックスタイム制は、必ずしも事業場内のすべての従業員に対して等しく適用する必要はない。労使協定の「対象となる労働者の範囲」のなかで「企画部職員」「入社○年目以上の従業員」といった形で職種や勤続年数等で適用範囲を区分しても問題ない。

また、日によってコアタイムの設定を変えてもよい。たとえば、毎週月曜日には朝10時から全社会議がある、というような会社であれば、月曜日だけコアタイムを設定し、それ以外はフルフレックスとして運用するということも可能である。

ちなみに、フルフレックスの場合でも、健康管理上の理由から深夜時間帯（22時から翌朝5時まで）はフレキシブルタイムから除外し、深夜勤務は事前承認制としている企業も多い。

3 ワーケーション三種の神器② 副業・兼業

副業・兼業は越境学習の機会

第3章でワーク・エンゲージメントを向上させるためのキーワードとして「越境学習」について解説したが、越境学習の機会は何も会社が従業員に対してお膳立てする必要は全くない。ワーケーション先の地域で出会った団体で、従業員が副業・兼業に従事することはまさに最高の越境学習の機会となる。

ワーケーション参加者や受け入れ企業双方にとって、副業・兼業のニーズは高い。たとえば地域課題解決側のワーケーションプログラムでは、ワーケーション参加者が受入地域に対してアイデアをプレゼンすることが多いが、そのアイデアを実現していくフェーズにおいて副業・兼業という形で、ワーケーション参加者が継続的に関わっていく、というようなイメージだ。

ワーケーションを推進するタイミングと同時に、自社の副業・兼業の制度についても見直しを図ることが望ましい。

契約形態と労働時間管理

まず、副業・兼業の労務管理を適切に行ううえで、従業員と副業・兼業先の契約形態が雇用契約あるいは業務委託契約のどちらに該当するのかを把握しておく必要がある（**図表5－8**）。

従業員と副業・兼業先との契約が「雇用契約」である場合には、自社と副業・兼業先との間で労働時間を通算しなければならない。労働基準法上の原則的な労働時間の通算ルールは極めて煩雑であるため、厚生労働省はこのような場合の簡便な労働時間管理の方法として「管理モデル」を提示している。

管理モデルによる労働時間の通算の方法は、まず本業側の企業（A）での法定外労働時間の上限を先に決めてしまい、残りの時間数を副業・兼業先（B）に配分する、という考え方になる（**図表5－9**）。労働基準法上、時間外労働と休日労働の合計は単月100時間未満、複数月平均80時間以内に抑えなければならないというルールがあるため、本業（A）と副業・兼業（B）を通算したときにもそれを超えることがないようにするための措置だ。

図表5-8　雇用契約と業務委託契約

	雇用契約	業務委託契約
契約関係	●雇用契約	●業務委託契約
報酬	●労務提供の対価 ●労働基準法上の「賃金」	●成果の対価 ●業務委託契約に基づく「報酬」
契約期間	●労働基準法の保護（契約期間・雇止め・解雇に関する各種規制等）が適用される	●両当事者ともに契約に基づき、契約期間を自由に定めることができ、契約に基づき解除する自由がある
労働時間	●管理義務あり・副業の場合には労働時間通算 ●割増賃金の支払い義務あり	●労働時間や割増賃金という概念はない（＝労働者は時間・場所に拘束されない）
年次有給休暇	●あり	●なし
労働保険・社会保険	●労災保険は加入 ●雇用保険・社会保険は要件を満たせば加入	●労災保険・雇用保険・社会保険いずれも事業主のもとでは加入できない

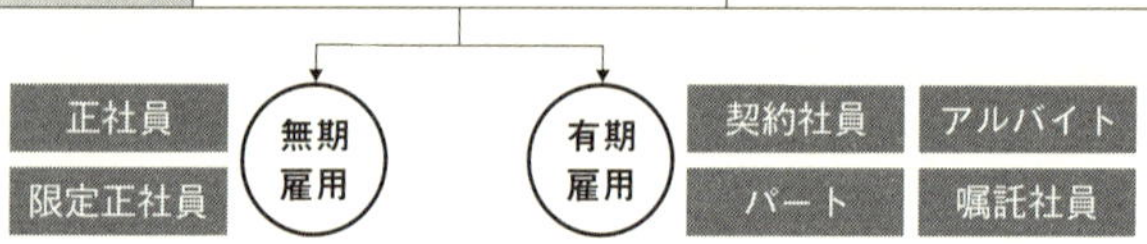

副業・兼業先（B）で働いた時間については、実際の本業（A）での労働時間にかかわらず、労働基準法上の割増賃金を支払う義務が発生する。

厚生労働省の見解によれば、副業・兼業の契約形態について「非雇用型（例：業務委託契約）の場合にのみ認める」等のような制限を設けることは慎重に判断すべきとされている一方、管理モデルの利用を要件とすることは問題ないとされている。

労働時間通算の簡便化のためにも、自社の就業規則において

図表5-9　管理モデルによる労働時間の通算

■労働時間の上限設定

- 使用者A（先契約）の事業場の1カ月の法定外労働時間と、使用者B（後契約）の事業場の1カ月の労働時間を合計して、単月100 時間未満、複数月平均80時間以内となる範囲内で、各々の事業場での労働時間の上限をそれぞれ設定する。

上限設定手順①：使用者Aの法定外労働時間と使用者Bの労働時間の合計の範囲を決める

上限設定手順②：設定した合計の範囲内かつ、それぞれの事業場の36協定の範囲内で、それぞれの労働時間の上限を決める

例：

例：1カ月合計80時間まで

使用者A：法定外労働時間	使用者B：労働時間全体
⇒例：1カ月45時間を上限	⇒例：1カ月35時間を上限

■管理モデルの考え方

例：使用者A（先契約）：所定労働時間7時間、
所定外労働1時間（先労働）

使用者B（後契約）：所定労働時間1時間、
所定外労働1時間（後労働）

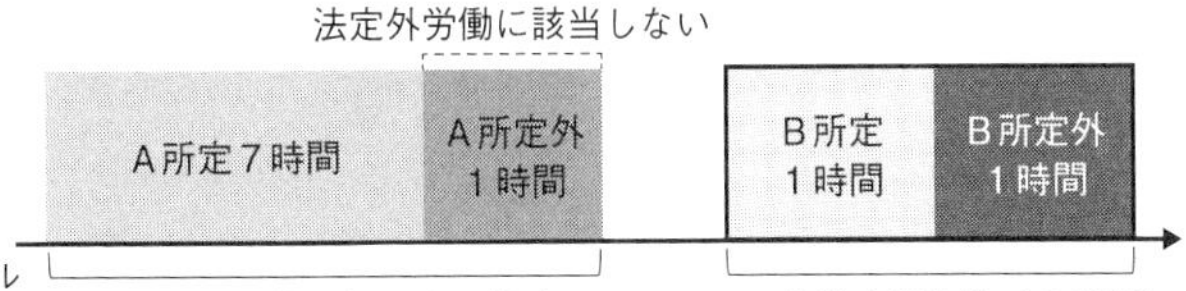

管理モデルでの通算の順序

労働時間の通算を行わない場合と同様に、Aは、1日8時間を超えて労働させるまでの間は、割増賃金が発生しない

Bは**労働時間全体（2時間）を法定外労働時間と取り扱い**、割増賃金を支払う

（出所）厚生労働省「副業・兼業の場合における簡便な労働時間管理のポイント」より作成

副業・兼業に関する事項を規定する際には「管理モデルによる副業・兼業を原則とする」という趣旨を明記しておきたい。

なお、副業・兼業時における労働時間の通算ルールについては、現在、労働基準法改正に向けた労働基準関係法制研究会においても、副業・兼業をさらに推進していくためのルールの見直しが議論されているところである。

副業・兼業先での業務上災害・通勤災害

労災保険の制度が2020年に改正され、複数の会社で働いている労働者のことを「複数事業労働者」として新たに定義し（**図表5－10**）、賃金額や労災認定基準についても、すべての会社等の条件を総合的に加味するルールに変更された。これにより雇用契約に基づいて副業・兼業に従事する労働者が業務上災害や通勤災害に遭った場合にも保険給付を受け取りやすくなっている。

副業・兼業時の社会保険

副業・兼業によって被保険者が同時に複数の適用事業所に使用される（勤務する）ことになっ

図表５-10　複数事業労働者とは

複数事業労働者に関する原則の具体例

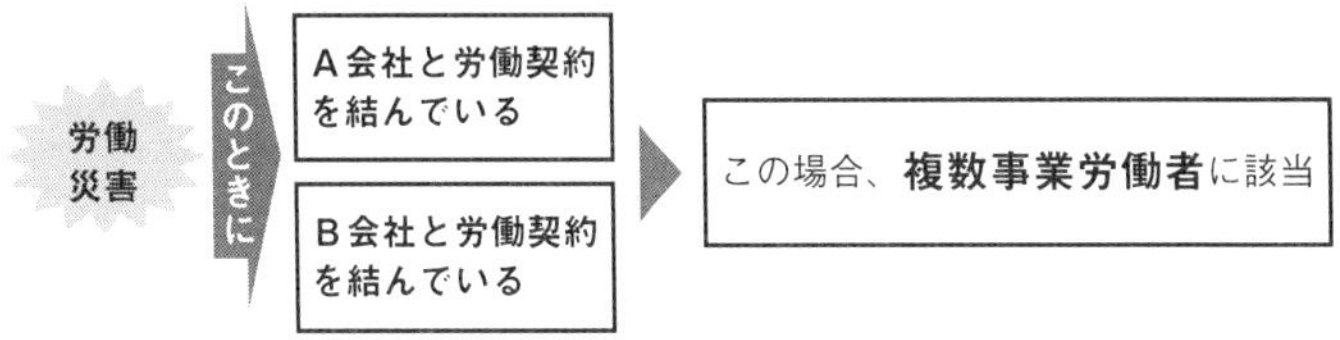

（出所）厚生労働省「複数事業労働者への労災保険給付 わかりやすい解説」より作成

図表５-11　副業・兼業時の社会保険

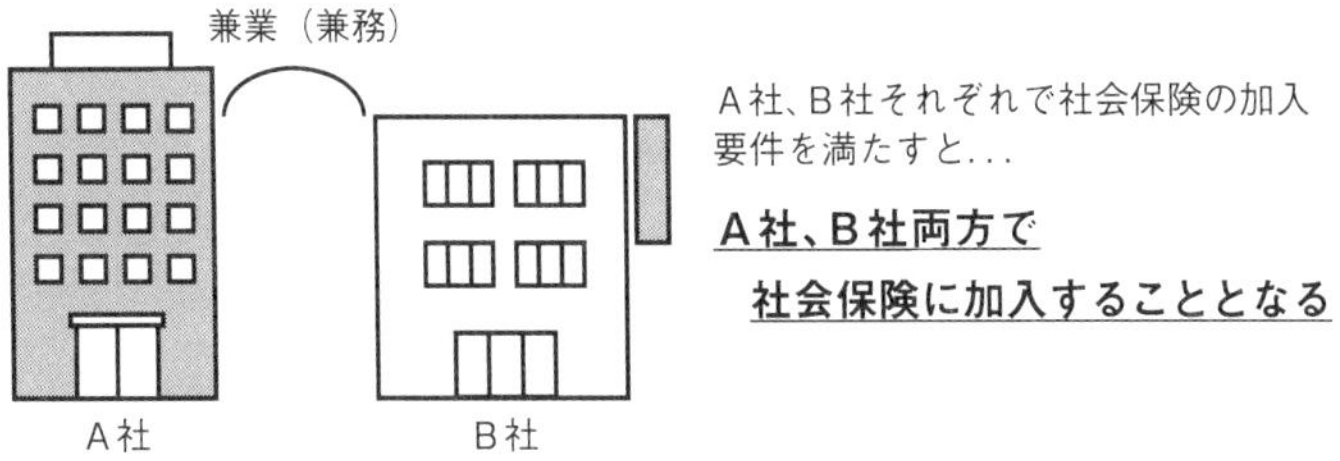

たとえば、次のような働き方をする者が対象になる

- □ A社およびB社で法人の代表者
- □ A社で法人の代表者かつ、B社で正社員として勤務する者
- □ A社およびB社で正社員として勤務する者
- □ A社およびB社で短時間労働者として勤務し、それぞれの会社で加入要件を満たす者

（出所）厚生労働省「兼業・副業等により２カ所以上の事業所で勤務する皆さまへ（リーフレット）」より作成

図表5－12　短時間労働者としての社会保険の加入要件

下記の条件をすべて満たすと、社会保険加入の対象になる

- 週の勤務時間が20時間以上
  ※残業時間は原則、含まない
- 給与が月額88,000円以上
  ※残業代、賞与、通勤手当、臨時の手当は原則、含まない
- ２カ月を超えて働く予定がある
- 学生ではない
  ※休学中、定時制、通信制は、加入対象となる

2022年10月～従業員101人以上の企業が対象となる
2024年10月～従業員51人以上の企業が対象となる
（※従業員：厚生年金保険の被保険者数）

（出所）厚生労働省「社会保険適用拡大特設サイト」より作成

た場合には、その両方で社会保険に加入する必要がある（**図表5－11**）。この場合には被保険者が自ら「二以上事業所勤務届」を年金事務所に提出しなければならず、それぞれの事業所で受け取る報酬額に応じて保険料額が決定されるため、本業側での給与計算にも影響が生じる。

特に、副業・兼業のために従業員が自ら法人を設立し、当該法人の代表取締役として役員報酬を受け取っている場合などは、「二以上事業所勤務届」の提出が必要になるが実務的に漏れが多いので留意されたい。

また社会保険の適用拡大により、２０２４年10月以降、従業員（厚生年金保険の被保険者数）51人以上の企業において、一定の要件（**図表5－12**）を満たすパート・アルバイトも社会保険に加入することになった。副業・兼業先に雇用され、要件を満たす場合には、副業・兼業先でも社会保険へ加入しなければならない。この場合も「二以上事業所勤務届」の提出が必要になる。

後々になって手続漏れが発覚した場合には、本業および副業・兼業先双方で給与計算結果の修正が必要になるため、副業・兼業の申請があった時点で人事部から注意喚起しておくことを推奨する。

4 ワーケーション三種の神器③ 柔軟な休暇制度

時間単位の年次有給休暇

年次有給休暇は原則として1日単位ではあるが、労使協定の締結等により、年5日の範囲内で時間単位での取得が可能となる。これを「時間単位年休」と呼ぶが、ワーケーションを推進するうえでは非常に効果的だ。

たとえば、朝9時から12時まではホテルでテレワーク、13時から16時までの3時間の時間単位年休を利用してワーケーション先で観光を楽しみ、16時から17時までオンライン会議、というように、時間単位年休があればかなりフレキシブルな運用が可能となる（**図表5－13**）。

特にフレックスタイム制を導入しづらい職場や、導入していてもコアタイムの設定がある場合には非常に有力な選択肢となる。

時間単位年休の導入に際しては、就業規則への記載と労使協定の締結が必要になり、労使協定では次の①から④について定める。労使協定の記載例を**図表5－14**に記載しているので活用してもらいたい。

① 時間単位年休の対象者の範囲
② 時間単位年休の日数（年5日まで）
③ 時間単位年休1日分の時間数（1日分の年休が何時間分の時間単位年休に該当するか）
④ 1時間以外の時間を単位として与える場合の時間数（2時間単位等）

特に①の対象者の範囲については、「ワーケーションを目的とする場合」等のように取得目的による制限を設けることができず、一部の者を対象外とする場合には、事業の正常な運営が妨げられる場合に限られる。**ワーケーション制度の一環として導入される場合であっても、それ以外**

図表5-13　時間単位年休等の活用イメージ

〈働く時間の柔軟性が低い場合の例〉
地方出張＋地方でのテレワーク＋余暇（＋宿泊）

旅先であっても
所定労働時間は勤務

～9:00	9:00	10:00	11:00	12:00	13:00	14:00	15:00	16:00	17:00	18:00	19:00	20:00～
移動	客先訪問・研修等			昼食	オンライン会議		資料作成		地域観光/夕食			移動
					テレワーク							

〈働く時間の柔軟性が高い場合の例〉
地方でのテレワーク＋中抜け/時間単位年休
＋余暇（＋宿泊）

フレックスや時間単位年休を
利用した中抜けを認める

～9:00	9:00	10:00	11:00	12:00	13:00	14:00	15:00	16:00	17:00	18:00	19:00	20:00～
移動	テレワーク			昼食	時間単位年休/地域観光			オンライン会議	地域観光/夕食			移動

（出所）経団連「企業向けワーケーション導入ガイド」（2022年7月19日）より作成

図表5-14　時間単位年休の労使協定例

○○株式会社と○○労働組合とは、標記に関して次のとおり協定する。

（対象者）
第1条　すべての労働者を対象とする。
（日数の上限）
第2条　年次有給休暇を時間単位で取得することができる日数は5日以内とする。
（1日分の年次有給休暇に相当する時間単位年休）
第3条　年次有給休暇を時間単位で取得する場合は、1日の年次有給休暇に相当する時間数を8時間とする。
（取得単位）
第4条　年次有給休暇を時間単位で取得する場合は、1時間単位で取得するものとする。

○○○○年○月○日
○○株式会社 総務部長 ○○○○
○○労働組合 執行委員長 ○○○○

（出所）厚生労働省「働き方・休み方改善ポータルサイト」

の通常の勤務時にも適用されることになるので注意されたい。

ちなみに、法定の年次有給休暇付与日数が10日以上のすべての労働者に対し、年5日の年次有給休暇を確実に取得させることが必要となっているが、時間単位年休の取得分については必要な5日から差し引くことはできない、という点も押さえておきたい。少しややこしいが、時間単位年休ではなく、労働者自らが「半日単位」の年休を取得した場合には、取得1回につき0・5日として、確実に取得しなければならない年5日から差し引くことが可能である。

時間単位年休の導入ハードルが高い職場においては、まずは半日単位の年休を活用したワーケーションを推進していくことも一案である。たとえば午前中だけホテルでテレワークをして、午後からは休暇として観光する等、半日単位の年次有給休暇であっても十分に対応可能である。

ボランティア休暇

ワーケーション先での副業・兼業については前述のとおりであるが、報酬を受け取らない「ボランティア」としてワーケーション先の地域に貢献したいというニーズもある。そのような場合には、特別休暇の一環として「ボランティア休暇」を制度化することも非常に有効である。

厚生労働省の調査によれば「ボランティア活動や地域活動に参加してよかったこと」として、

図表5-15　ボランティア活動がもたらす効果
（ボランティア活動や地域活動に参加してよかったこと）

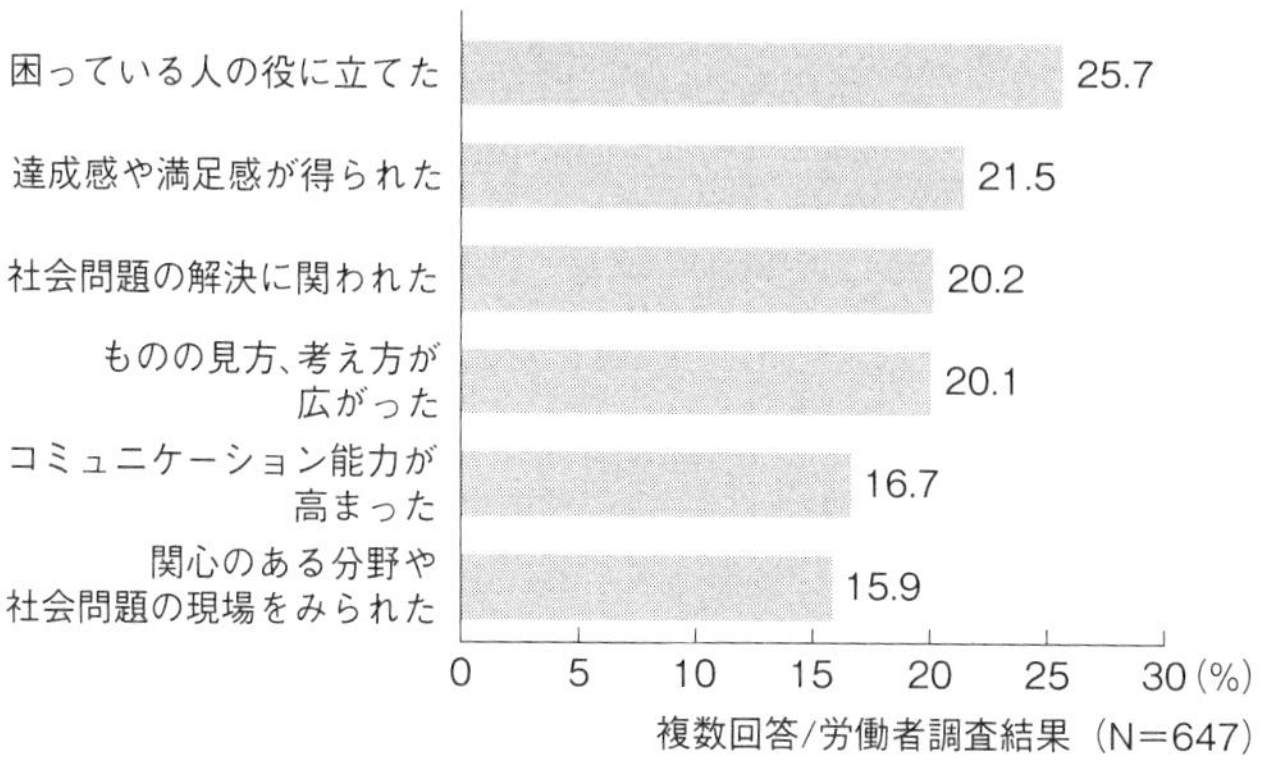

（注）1　2021年度中にボランティア活動や地域活動に参加したと回答した人
　　　2　複数回答設問の選択肢のうち、回答割合が高い上位6項目を抜粋
※令和4年度「仕事と生活の調和」の実現及び特別な休暇制度の普及促進に関する意識調査
（出所）厚生労働省「ボランティア休暇制度を導入しましょう」リーフレットより作成

「ものの見方、考え方が広がった」「コミュニケーション能力が高まった」等という意見もあり、ボランティア活動によって越境学習としての効果が生じていることが調査結果からも窺える（**図表5－15**）。

また、近頃ではボランティア休暇の制度内容や利用者数を統合報告書やコーポレートサイトで開示している企業も増えつつあり、ボランティア休暇制度の導入によって企業イメージの向上も期待できる（**図表5－16**）。

厚生労働省の調査（2022年度）ではボランティア休暇制度を導入している企業は6・5％といまだ僅少であるが、社会貢献意識の高まりとともに、今後は多くの企業で導入が進むことが想定され

図表5-16　企業にとってのボランティア休暇制度導入のメリット

企業イメージの向上	東日本大震災以来、従業員のボランティア活動を企業の社会的責任として捉え、支援する企業が増えている。こうした活動が、企業のイメージアップにつながる
人材の育成	社内外のネットワーク構築、社会参加による人的成長はもとより、ボランティア活動を通じて実務能力の向上やコミュニケーション能力、リーダーシップの向上も期待できる。海外でのボランティア活動では語学力の向上等も期待でき、グローバル人材の育成にもつながる
会社への帰属意識の醸成・貢献意欲の高まり	企業の制度を利用したボランティア活動により、会社の一員として胸を張って活動することで、従業員のモチベーションが向上する

(出所) 厚生労働省「働き方・休み方改善ポータルサイト」より作成

図表5-17　ボランティア休暇制度の就業規則記載例

（ボランティア休暇）
第○条　ボランティア休暇の対象となるボランティア活動は、日本国内で行われる次の各号に掲げるものとする。
①地域貢献活動
②社会貢献活動
③自然・環境保護活動
④災害復興支援活動
2　ボランティア休暇制度を利用して休暇を申請できる者は、すべての社員とする。ただし、休職期間中の者、育児休業中又は介護休業中の者その他休業中の者は対象とならないものとする。
3　ボランティア休暇の取得申請は、開始予定日の1か月前までに、会社指定の様式により行い、許可を得る必要がある。
4　ボランティア休暇の取得日数は、1年間で最大○日とし、有給とする。
5　ボランティア休暇取得後は、速やかに会社指定の様式によりボランティア活動に関する結果報告を行うものとする。

(出所) 厚生労働省「ボランティア休暇制度を導入しましょう」リーフレット

る。

ボランティア休暇を設ける場合の就業規則の記載例も**図表5－17**に記載しているので必要に応じて活用してもらいたい。

5 ワーケーションとリスク管理

ワーケーション中の事故・負傷リスク

企業においてワーケーション推進のハードルとなるのが、ワーケーション中の事故・負傷に関するリスクである。特に労災認定の論点について懸念事項となることが多い。

まず、業務上災害として認定されるためには、「①業務起因性（仕事が傷病の原因になったのか）」と「②業務遂行性（業務中に発生した傷病かどうか）」の2つの要素が必要になる。「①業務起因性」が認められるためには、「②業務遂行性」が認められることが必要条件になるため、ワーケーション中の時間が、業務中なのか否かを明確に区分することが重要になる。

ワーケーションは、その名のとおり、ワークとバケーションを掛け合わせたものであるが、必ずしも「バケーション＝休暇」とは限らず、さまざまな就業形態が考えられる。

まずは、実施するワーケーションが「業務」と「休暇」のどちらがメインとなるかによって検討すべき論点が変わってくる。最初のステップは、ワーケーション先となる地域への滞在理由が「出張」なのか「私的旅行」なのかを区分することからはじめる（**図表5－18**）。

ワーケーションが「出張」であると認められる場合には、その過程全般について事業主の支配下にあるものと考えられることから、私的行為を行うなど特段の事情がない限り、原則、労災保険給付の対象となるとされている。出張中の移動・飲食・入浴・睡眠等の附随行為も含めてその過程全般が事業主の支配下にあると考えられるが、附随行為以外の積極的な私的行為や酩酊・泥酔中の負傷については労災保険給付の対象とならない可能性が高い（**図表5－19**）。

「業務型」のワーケーションでの留意点は、地域での体験コンテンツを実施する場合である。たとえば、チームビルディング研修の一環として、ワーケーション先で観光資源を活用した体験コンテンツやアクティビティをプログラムとして実施する場合には、そのプログラムが「業務に該当するか否か」についてあらかじめ会社方針を整理しておく必要がある。

図表5-18　地域での滞在理由とワーケーションの類型

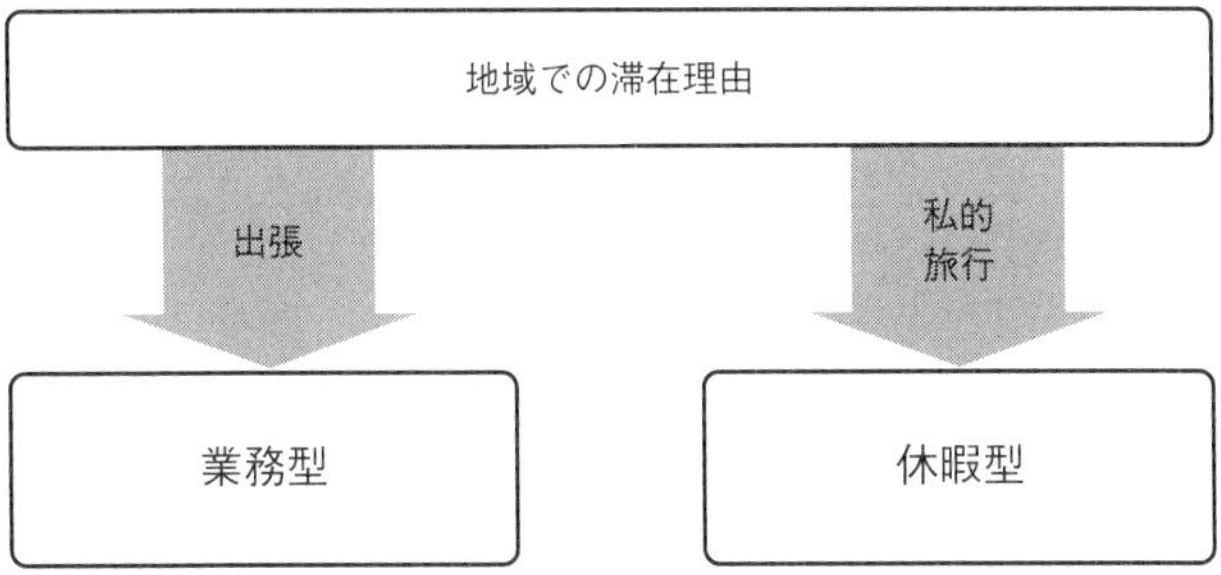

業務型

- 会社から命令された「出張」として地域に滞在
- 出張先でテレワークで業務を実施しながら、研修や会議、視察・ワークショップ、体験コンテンツなどのプログラムに参加

休暇型

- 従業員が休暇などを利用した「私的旅行」として地域に滞在
- 私的旅行中に一部の時間を利用してテレワークで業務を実施

※当図表は筆者監修
(出所) 和歌山県「ローカルな素材を活用した企業課題解決型ワーケーション」

図表5-19　出張中の労災認定

原則　**業務遂行中または附随行為中の負傷**　➡

労災に**該当する**可能性が高い

例) 出張中に宿泊施設の浴室内で転倒して骨折
例) 出張先で業務上必要な会食に参加し、少量の飲酒はしたもののほろ酔い程度で、宿泊施設に帰る途中でつまずき負傷

例外　**積極的な私的行為や酩酊・泥酔中の負傷**　➡

労災に**該当しない**可能性が高い

例) 出張先での業務終了後に会社指定の宿泊先に戻らず、近くに住む友人宅に宿泊して火事にあい、火傷
例) 参加自由の懇親会にて飲酒し酩酊・泥酔して、帰路に高所から落下

※当図表は筆者監修
(出所) 和歌山県「ローカルな素材を活用した企業課題解決型ワーケーション」

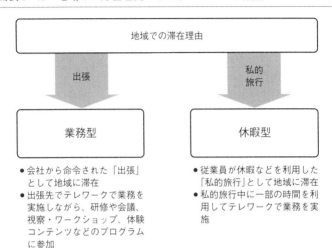

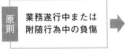

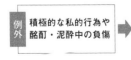

ただし、最終的に労災保険給付の対象になるか否かについては、実際の事故・負傷の発生時に労働基準監督署等が個別に判断することになる。そのため、前述の**会社方針と実際の行政判断が異なる場合もあるので、民間の旅行傷害保険を活用するなどしてリスクを適切にカバーしておくことが望ましい。**最近では、ワーケーション中の従業員の負傷のみならず、ノートパソコンの破損やワーケーション中の不正アクセス被害に対しても補償される「ワーケーション保険」もリリースされているため、こうした保険商品の活用も有用である。

休暇型ワーケーションの業務上災害・通勤災害

ワーケーションが企業からの出張命令に基づくものではなく、「休暇型」に該当する場合には、通常のテレワークと同様に判断される。たとえば、厚生労働省は「テレワーク中にトイレに行くために作業場所を離席した後に、作業場所に戻り椅子に座ろうとして転倒した事案」等が、業務災害と認められる事例として例示されている。逆に、就業時間中であっても洗濯物を取り込む行為や個人宛ての郵便物を受け取る行為で転んで負傷した場合等には、私的行為が原因であるとされ、業務上の災害として認められない。

「休暇型」のワーケーション中についてもこれらと同様に考えられるため、「出張」としてみなされるワーケーションであれば附随行為として認められる飲食・入浴・睡眠等についても、休暇型ワーケーションの場合には業務上災害として認められない可能性が高い点に注意が必要である。

なお、労災には「業務上災害」のほかに「通勤災害」がある。通勤災害とは、通勤によって労働者が被った傷病等で一定の要件を満たす場合に、労災保険から保険給付がなされるという仕組みである。

「休暇型」のワーケーションでは、日時や行き先を事前承認する形が一般的であると思われるが、会社が認めた場所への移動であれば、距離等にかかわらず「通勤災害」にあたる可能性が高いとされている。ただし、移動中に経路を逸脱したり、移動を中断したりした場合には、逸脱または中断の間およびその後の移動は「通勤」とはみなされないため、注意が必要となる。

このように、労災認定にはかなり細かなルールや基準があるため、新たにワーケーションに関するルールを作成する場合や従業員から質問を受けた場合には、必ず社会保険労務士等の外部の専門家に確認したうえで回答するようにされたい。

いずれにしてもワーケーション中に事故・負傷があった場合には、速やかにその状況について所属長に詳細な報告を行うことを、ワーケーション規程等で従業員に対して義務づけておくことが望ましい。

ワーケーション中の移動手段

ワーケーション先の地域によっては、公共交通機関があまり十分に整備されておらず、移動手段がレンタカー等の車両に限定されてしまうことも起こりえる。

出張中のレンタカー利用時の事故は、被害者に対して会社も民法上の「使用者責任」を負う可能性がある。事故発生時の報告プロセスや初動対応、任意保険の加入等を「車両管理規程」に明記するとともに、できる限り公共交通機関等での移動を促すようにしたい。

万が一、自社の従業員が運転中に人身事故を起こすことなどがあれば、被害者に対する法的な責任はもちろんのこと、法的責任以外にもレピュテーションリスク（風評リスク）は極めて大きいものとなる。

最近では、大企業を中心に、ワーケーションに限らず、業務中に従業員が車の運転を行うことを一切禁止して、タクシーを利用することを推奨している事例も増えてきている。

最近ではＭａａＳ（Mobility as a Service：マース）のような新しい移動手段も地域側で導入検討されている。ワーケーション中の移動手段については、ワーケーションプログラムを提供する地域のコーディネート団体等にも事前に相談をしてみるとよい。

このように、ワーケーション中の移動手段は、企業のワーケーション導入の大きなハードルとなる。逆に、ワーケーションとして受け入れる地域側が、公共交通機関やＭａａＳを含めたさまざまな移動手段を整備することは、企業から選ばれるための大きな競争優位となりうるという点も押さえておきたい。

セキュリティに関するリスク

ワーケーション中は、開放的な気持ちになりやすく、在宅勤務等のその他テレワークよりも業務端末や機密書類の紛失・盗難のリスクが高まりうる。

紛失・盗難時の報告・対応プロセスを規程等にルールとして明文化し、それらをワーケーション実施前の研修や個別説明の場で周知することが望ましい。

また、第三者からののぞき見や大声でのオンライン会議による情報漏えい、機器の盗難等が起きないよう、ワーケーション中にテレワークを許可する場所や作業環境についてあらかじめルールを設定しておく。

ワーケーション中に、ビーチや砂浜等のいわゆる「映える」場所で仕事をしたくなる気持ちはわからなくないが、筆者の経験上、そのような場所で仕事をしても生産性が高まることはあまりない。仕事をするときにはホテル・宿泊先の個室等で集中して行い、リフレッシュするときにはいったんパソコンは部屋に置いてから観光に繰り出すといったように、メリハリをつけたほうが仕事の生産性の観点からも、セキュリティの観点からも望ましいといえる。

また、端末の紛失に対しては、利用する端末に入れるアプリを業務に必要なもののみに限定し、アクセス権限やデータの保護を行うようにすれば、万が一、端末を紛失した場合でも、アプリケーションのデータを削除すれば情報の漏えいを防ぐことができる。紛失防止のためには、「各種アクティビティへの参加時や飲酒を伴う会食会場には、業務端末をもち込まない」というルールをあらかじめ設定することも一案だ。さらには、紛失時の初期対応として、「業務端末等の紛失発覚時には上長および○○部に速やかに報告を行う」ということも規程に明文化しておきたい。

また、外部からの不正アクセスを防ぐためには、公共の無料Ｗｉ－Ｆｉの利用を禁止することや、ＶＰＮを利用した暗号化や多要素認証を活用すること等が考えられる。

COLUMN 6

ワーケーション導入時のよくある質問

本章で紹介した論点以外に、ワーケーション導入時に筆者がよく受ける質問をここで解説したい。

Q1 ワーケーションが可能な人とそうでない人の不公平感をどう払しょくすればよいか

業種や担当業務の性質上、一見、ワーケーションを実施することが難しい場合でも業務分担や業務プロセスの見直しによって実施が可能となるケースは多くある。「この業務はワーケーション向きではない」等と安易に結論づけることはせず、できる限り多くの人がワーケーションを実施できるように工夫してみることが望ましい。

また、いわゆる「業務型」のワーケーションであれば、必ずしもテレワークができる職種に限られない。たとえば、保育士がオフサイトミーティングの一環としてワーケーションを活用している事例もある。

オフサイトミーティングでワーケーションを活用する場合には、「子育て・介護等の家庭の事情により、宿泊を伴うワーケーションは難しい」という従業員がいることも考えられる。こうした場合には、「宿泊」と「日帰り」のいずれでも参加可能なプログラムを設計しておき、業務上特に重要なプログラムは全員が参加できる時間帯に開催するなどの工夫が必要になる。第4章のCOLUMN5で紹介した「都市部近郊型ワーケーション」の事例もぜひ参考にしてみてほしい。

Q2 ワーケーションにおいて、人事評価はどのようにすべきか

ワーケーション中は職場に出勤しておらず、細かなプロセス管理が難しいため、ワーケーション中に実施する業務の成果や目指すべき達成状況について、あらかじめ上司と部下の間で共通認識をつくっておくことが大切である。

オンラインでの1on1面談などを通じて上司と部下の日々のコミュニケーションの質と量を高めるようにしておきたい。重要なのは、従業員に対して「ワーケーションをしたから評価が下がった／上司から適切な評価が受けられない」などの疑念や不公平感を抱かせないようにすることである。管理職に対する評価者研修や評価のガイドラインを作成するなどの工夫が必要となる。

Q3　ブレジャーの導入に必要な手続は？

「ブレジャー」とは、ビジネスとレジャーを組み合わせた造語で、「出張」の前後に休暇をつけ足して、従業員が私的旅行や余暇等を楽しめるようにする制度を指す。ブレジャーの導入にあたっては、通常、出張規程の見直しが必要になる。ブレジャー実施時の申請プロセスや出張につけ足しうる休暇日数、経費負担の範囲などを、出張規程のなかで明確にルール化することが重要である。

Q4　出張中に私的旅行を組んだ場合の往復旅費の経費処理は？

業務の遂行上、直接必要と認められる旅行と認められない旅行とを併せて行った場合の旅費については、原則、法人の業務の遂行上直接必要と認められる旅行の期間と認められない旅行の期間との比等により按分し、前者に対応する部分に係る金額は旅費、後者に対応する部分に係る金額は給与となる。

ただし、その旅行の直接の動機が業務の遂行のためであり、その旅行を機会に観光を併せて行うものである場合は、その往復の旅費（取引先の所在地等その業務を遂行する場所までのものに限る）は、法人の業務の遂行上直接必要と認められるもの、つまり旅費として取り扱うこととなる（**図表6－1**）。ただし、「その旅行の直接の動機が業務の遂行のためであり、その旅行を機会に観光を併せて行うものである場合」に該当するかは、その旅行の目的、旅行先、旅行経路、旅行期間等、個々の事実関係に基づき総合的に判断されるため、詳細は必ず税理士などの専門家に照会されたい。

Q5 社内規程やルールを定める場合には誰に相談すればよいか

ワーケーションは一般に人事部門が主体となって規程・ルールの制定作業を行うこととなるが、その際には社内の法務部門・経理部門・情報システム部門とも十分に連携を図ることが重要である。社内で検討すべき論点やリスクを洗い出したうえで、相談内容ごとに弁護士・税理士・社会保険労務士などの外部専門家に適宜、相談をしながら、規程やルール作成を進めてもらいたい。

※Q1～3、Q5：和歌山県「ローカルな素材を活用した企業課題解決型ワーケーション」（筆者執筆・一部監修）の内容を筆者加筆修正
※Q4：観光庁「新たな旅のスタイル　ワーケーション＆ブレジャー　労災や税務処理に関するQ＆A」の内容を一部筆者修正

図表6-1　ブレジャー時（出張中に私的旅行を組んだ場合）の往復旅費の経費処理の考え方

東京から大阪へ出張の場合

Case 01　**業務と同じ場所で私的旅行を行った場合**

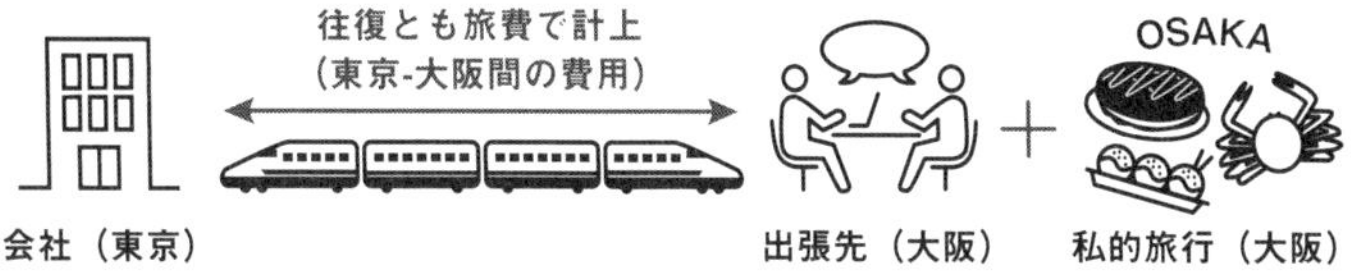

Case 02　**業務と異なる場所で私的旅行を行った場合❶**

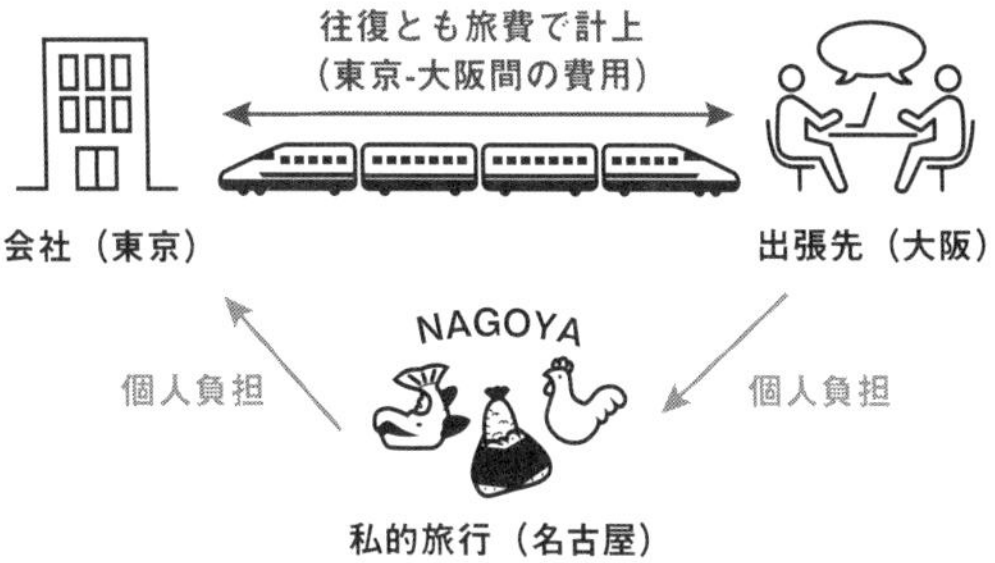

※東京-大阪間の往復旅費は会社負担につき、
実質、個人負担は生じないといえる

Case 03　**業務と異なる場所で私的旅行を行った場合❷**

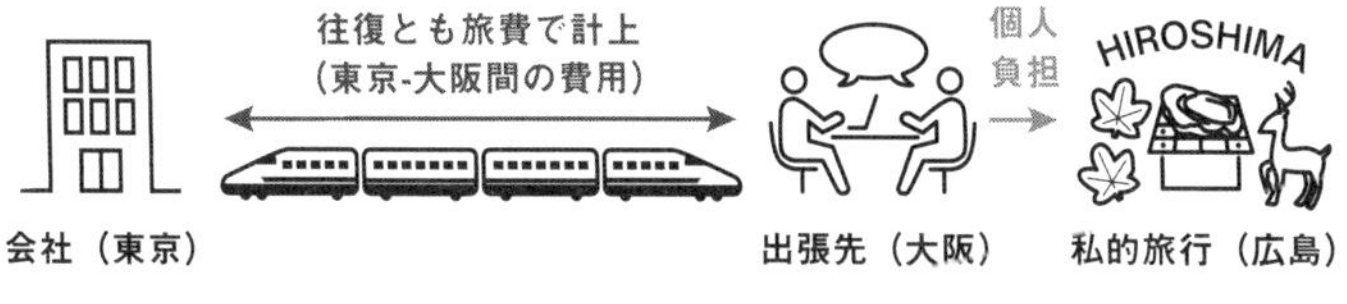

（出所）観光庁「新たな旅のスタイル　ワーケーション＆ブレジャー　労災や税務処理に関するQ&A」より作成

第6章

【事例編】

産学官連携による
ストレスサイエンスを
活かしたワーケーション

【受入地域・団体】島根県松江市×ワークアット×山陰合同銀行
【参加企業】富士通

受入
地域・団体

島根県松江市×ワークアット×山陰合同銀行

ワーケーションでリフレッシュは本当か?

精神障害に関する労災の請求件数は年間約3500件と年々増加傾向で、生涯で約15人に1人はうつ病に罹患するという調査結果がある。企業のメンタルヘルスケア対策は人材戦略上も極めて重要な要素であり、ストレスとどう向き合っていくかはビジネスパーソン全員に共通するテーマだ。

ワーケーションに対して「旅先ですばらしい景色を眺めながら仕事をすれば、リフレッシュしてストレスも下がりそう」というような漠然としたイメージを抱く方も多いのではないだろうか。島根県松江市では、ワーケーションに対するそうしたイメージについて実際に実証実験を行っている。具体的には、地域滞在中、また、滞在前後に、ワーケーションに訪れた従業員の身体活動量や心拍数、睡眠の量や質、唾液アミラーゼ活性等のデータを計測したり、質問紙等を用

図表6-1　松江市滞在中のストレスレベルの低下

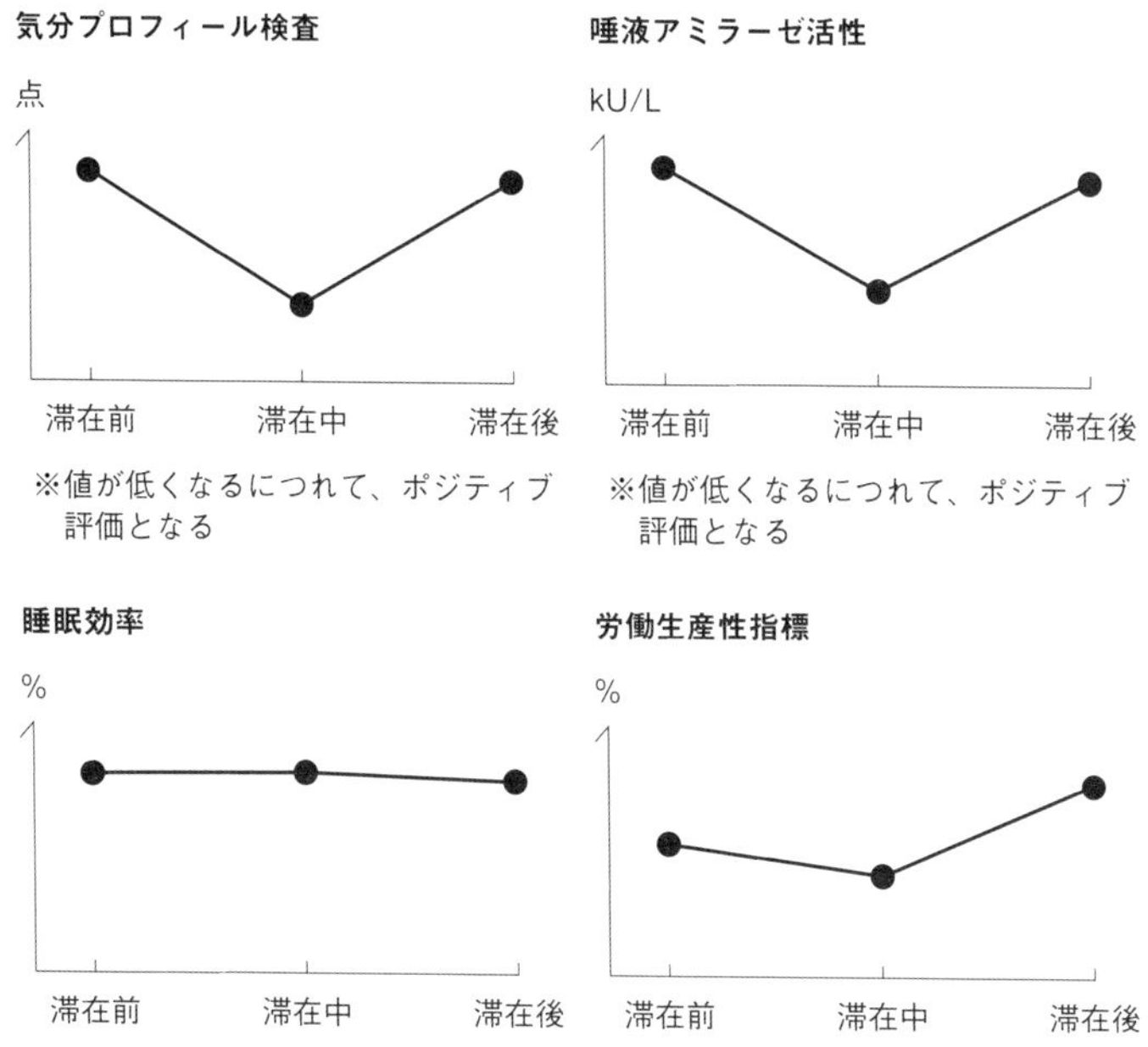

※値が低くなるにつれて、ポジティブ評価となる

※値が低くなるにつれて、ポジティブ評価となる

（出所）ワークアウトウェブサイト

いた分析をしたりすることにより、**「都会の喧騒から離れ、地域に滞在し仕事をすることでストレス値や労働生産性、身体活動量がどのように変化するのか」を可視化**している。

都市部のＩＴ企業を対象にした実証実験では、都内滞在中と比べて、松江市の滞在時にはストレス反応が改善する結果が出ている。地域滞在中にマインドフルネス講座や瞑想ヨガの体験プログラムを提供していることもストレス反応改善の

▼松江市のホテル一体型コワーキングスペース「enun（緑雲）」

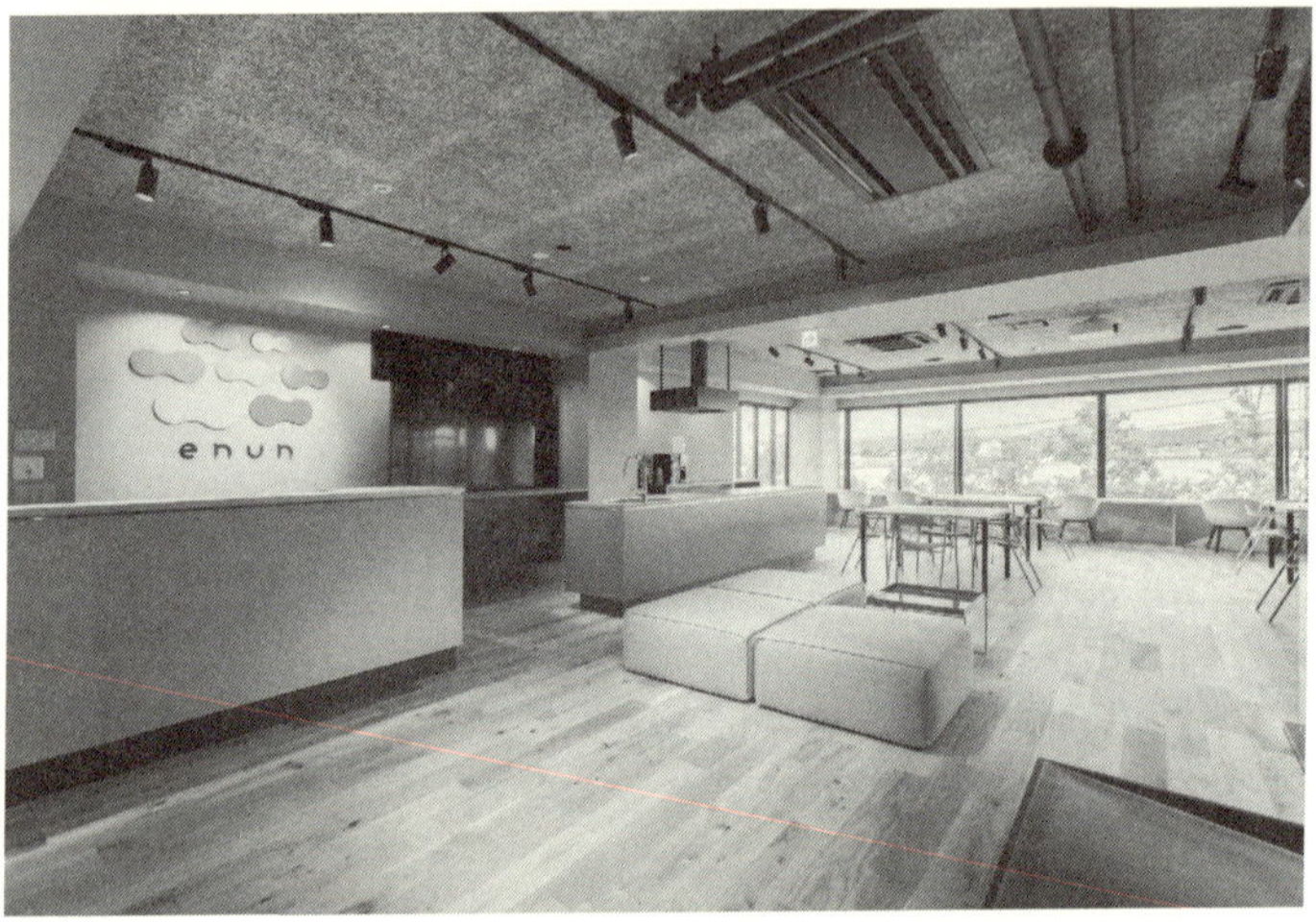

大きな要因である。なお、実証実験は、松江市とワークアット、島根大学人間科学部との共同研究という形で実施されている。他の地域でも「ストレス低下やリフレッシュ効果」を訴求しているワーケーションプログラムはよく見かけるが、科学的なエビデンスを有している点が大きな特徴だ（図表6－1）。

IT企業誘致がベースとなったワーケーション環境

松江市のワーケーション推進の経緯について松江市産業経済部の新田恭周氏は次のように説明している。

「プログラミング言語Rubyの開発者、

まつもとゆきひろ氏が市内に在住していることもあり、2006年から『RubyCityMATSUE』プロジェクトをスタートした。そこからRubyを中心としたIT企業の誘致施策に取り組んでいる。誘致活動の一環として市内にコワーキングスペースや人材交流拠点等が設置されており、IT企業向けのサテライトオフィス誘致事業を実施してきた。サテライトオフィスのトライアル利用のために1~2週間、企業が松江市に滞在することもあり、滞在企業のさまざまな声に耳を傾け、改善し続けてきたことが現在のワーケーション事業にもつながっている」

　こうした**IT企業の誘致活動の積み重ねによって、松江市のワークプレイスとしての滞在体験がアップデートされてきた点が、良質なワーケーションプログラムの素地になっている。**

新田　恭周 氏
松江市産業経済部　定住企業立地推進課
主幹

　また、2022年9月には、ホテル一体型のコワーキングスペースenun（縁雲）（**写真**）もオープンしており、松江市ワーケーションプログラムにおける重要な交流拠点にもなっている。enunの窓からは「日本夕陽百選」にも選ばれる宍道湖の絶景が広がっており、ソロワークとしても、チームワーケーションでのオフサイトミーティングの場所としても利用できる。

地域金融機関がワーケーション推進に関わる意義

松江市のワーケーションを推進しているのは自治体だけではなく、ワークアット、島根大学、山陰合同銀行を中心とした産学官の連携コンソーシアム「ワーキングヘルスケアプログラムMATSUEコンソーシアム」（図表6－2）である。**地域金融機関が、自治体等のワーケーション事業において主体的に関与しているという点が他地域にはみられない特徴**である。

山陰合同銀行では、人口減少など多様な地域課題を抱える山陰にこそ創造的な事業の源泉があり、新たな付加価値を生み出す可能性があると考え、2018年度、2019年度に「SAN-IN・イノベーション・プログラム」（以下「SIP」）を実施してきた。同プログラムは、山陰地域において新事業意欲の高い事業者や、次世代を担う経営人材、さらにデザインやファッション、まちづくりなどの分野でクリエイティブな発想で活躍する人材などの参加者を募集し、実際の事業化に向けたさまざまな支援を実施するものである。2019年度のSIPにおいて、松江市でワーケーション事業などを手がけるワークアットの林郁枝氏と田窪大樹氏が「産学官連携によるストレスサイエンスを活かした先進的ワーケーションプログラム」を発案したことが、「ワーキングヘルスケアプログラムMATSUEコンソーシアム」の原点である。

図表6－2　「ワーキング ヘルスケアプログラムMATSUE コンソーシアム」の構成図

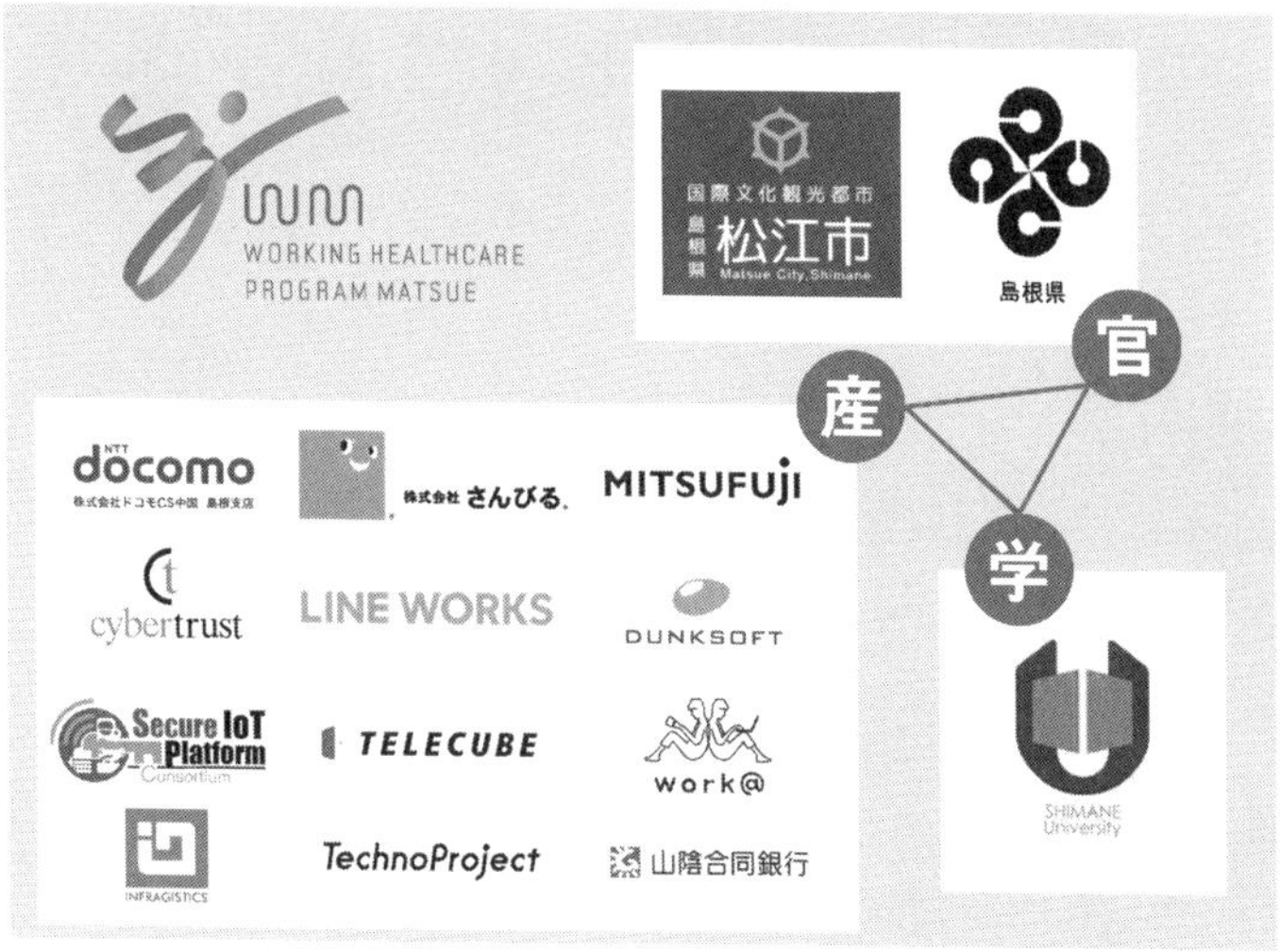

（出所）松江市「松江式ワーケーション」

山陰合同銀行の田村剛氏は次のように当時を振り返る。

「コロナ禍前でまだワーケーションという言葉が一般的には普及していなかった2019年に、ワークアットの林氏・田窪氏のワーケーション事業についてのプレゼンを聞き、これは地域に新しい人の流れを生み出すすばらしいプランだと共感した。ワーケーション事業を地域で推進するうえでのボトルネックは、地域に対するビジョンとビジネス感覚をバランスよくもち合わせたプレイヤーが不足していること。松江市のワーケーションを牽引する林氏・

田窪　大樹 氏
ワークアット　取締役副社長 COO

林　郁枝 氏
ワークアット　代表取締役社長CEO

田窪氏のようなすばらしい方々を発掘・事業化支援ができたことが、SIPの大きな成果の1つであると感じている」

また、SIPに参加した林氏は、山陰合同銀行による支援について次のように述べている。

「自分は移住者であったため、地域側の目線でさまざまな助言をもらえたことがSIPに応募した大きな価値だった。具体的にはワーケーション事業を進めていくうえで、送り出し企業だけではなく、受け入れる地域側にもどのようなメリットを設計していくのか、どのように地域を巻き込んでいくのか、という視点を獲得できたことが大きい」

地域において関係人口や交流人口を創出することは、地域経済と運命共同体ともいえる地域金融機関においても、本来は極めて重要なミッションであるはずだ。しかしながら、ワーケーション事業の推進

田村　剛 氏
山陰合同銀行　地域振興部　副部長

において、地域金融機関が積極的に関与しているケースはいまだ少ない。この背景には、金融機関としての業務性質上、セキュリティや情報管理の理由で、行員にワーケーションに対する原体験がない、という点も理由として考えられる。しかしながら、山陰合同銀行とワークアットとの関係性のように、ワーケーションを通じて地域に貢献したいと考えるプレイヤーを発掘し、そうしたプレイヤーが構想する事業化をハンズオンで支援していくという関わりは他地域においても再現性のある取組みではないだろうか。特に多くの地域では、ワーケーション事業は自治体の観光振興部門や企業立地部門が実施主体となっており、それらをいかにして民間企業の取組みとして自走化させるか、ということに苦慮している。**より多くの地域金融機関が、各地域のワーケーション事業に積極的に参画することで、わが国のワーケーション推進はさらにステージアップするのではないか**と筆者は考える。

「ワーク＋コミュニケーション」としてのワーケーション

ワークアットがコーディネートするワーケーションプログラムには、必ず「地域交流会」がコンテンツとして含まれている。地域交流会には、松江市内の経営者や自治体職員、地域おこし協力隊、教育関連者等の多様なバックグラウンドを有する人たちが参加し、「都市部で仕事をしながら、地方とどう関わるか」「地方創生に向けて必要なことは？」等のテーマで都市部の人材とのディスカッションが行われている。送り出し企業の立場として地域との共創プランを構想することもあれば、参加者個人としての地域との関わり方についての議論に発展するなど、各回によってディスカッションテーマもそこから出てくるアイデアもさまざまである。

ワークアットの田窪氏によれば、送り出し企業のニーズを丁寧にヒアリングしたうえで、地域交流会のテーマ設定や地域側の参加者のアサイン等にも創意工夫を凝らしているという。実際に筆者も取材として地域交流会（**写真**）に参加したが、「自社のサービスを利用すれば、このような地域課題解決につながるのではないか」「自らのこうしたスキルを活かして、地域課題解決を副業人材として担いたい」など、かなり白熱した議論が繰り広げられていた。実際にこの地域交流会を通じて地域での副業案件につながった事例もあるという。

都市部の人材からみた松江市の魅力

▼ 地域交流会

についてもディスカッションされており、普段暮らしていると当たり前になっていて意識できていなかったような新たな発見・気づきを地域側の参加者が得ることも多い。都市部と地域が交じり合うことによる新たな共創プロセスを体験できる、すばらしいプログラムだと感じた。

田窪氏は、松江市のワーケーションの魅力を次のように語っている。

「松江市のワーケーションは、一般的な用語としての〝ワーク＋バケーション〟ではなく、〝ワーク＋コミュニケーション〟を意識したプログラムを提供している。バケーションとしての体験コンテンツを詰め込むのではなく、快適なワークプレイスで仕事をする時間を十分に確保したうえで、地域との質の高いコミュニケーションの機会を生み出すことにワークアットとしては注力している」

参加企業

富士通

基本情報

本店所在地：神奈川県川崎市
事業内容：サービスソリューション・ハードウェアソリューション・ユビキタスソリューション・デバイスソリューション
設立：1935年6月20日
資本金：3256億円（2024年3月末時点）
従業員：12万4000人（2024年3月末時点）

Work と Life のシナジー

富士通では2020年7月よりニューノーマル時代の新たな働き方のコンセプトとして「Work Life Shift」を掲げており、2021年10月にはより「Life」に焦点をあてた「Work Life Shift2.0」（**図表6－3**）としてさまざまな働き方の変革に取り組んでいる。その背景には、一人ひとりの Well-being を高めるためには、「Work と Life のシナジー」が重要になるという観点がある。ワーケーションの利用によってリフレッシュしながらより創造的に働くことを支援す

図表6-3　富士通「Work Life Shift2.0」

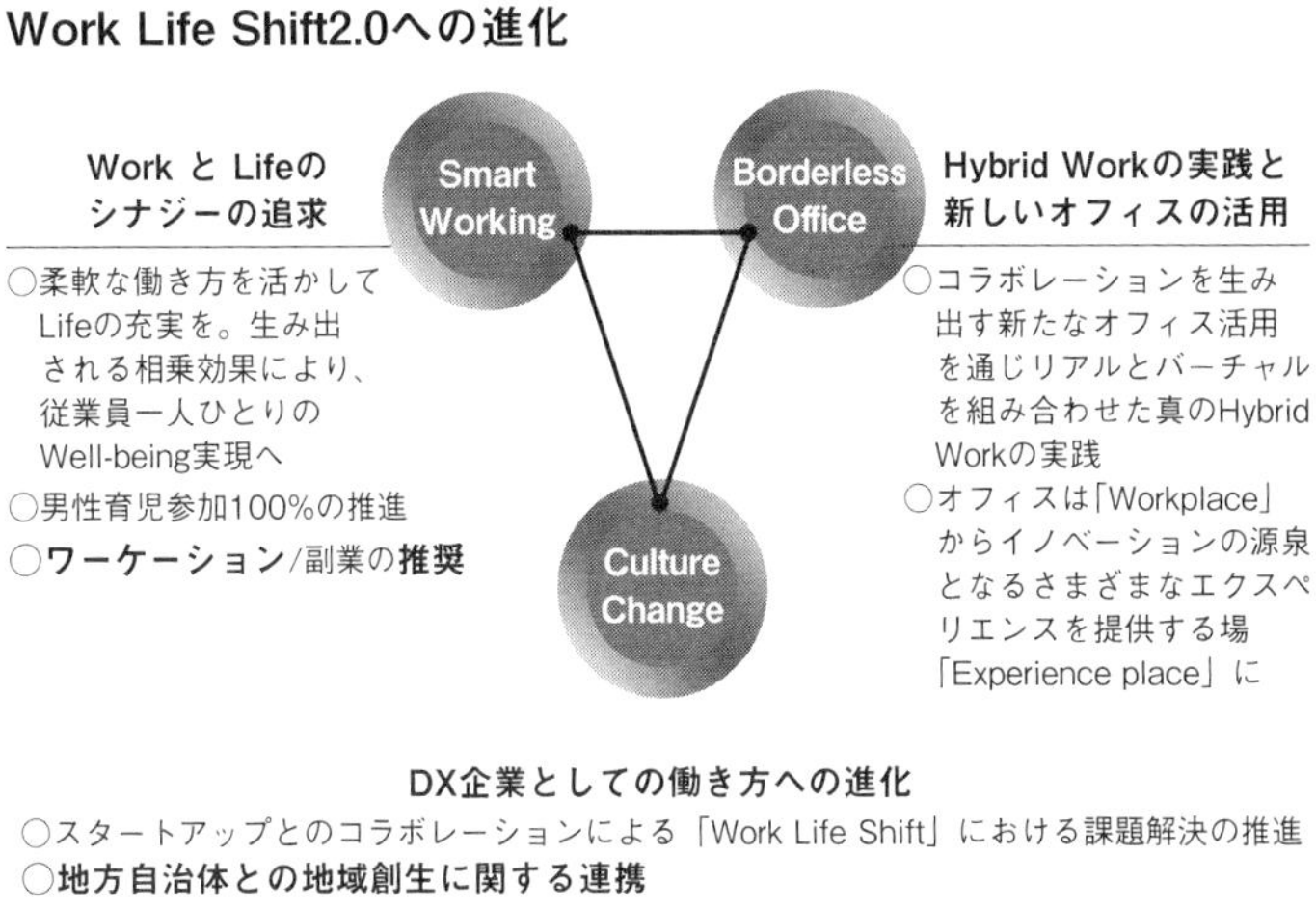

（出所）富士通「富士通のワーケーションの取組みについて」より作成

る、副業推奨によって従業員の知見を高めるなど、次々と先進的な取組みを続けている。また、同社は働き方のDXについても積極的に取り組んでおり、ハイブリッドワークを実践して得たさまざまな経験値をデータとしてみえる化し、クリエイティビティを高める働き方を追求している。

これらの取組みは、まさに働き方というイシューを経営戦略・人材戦略の中心に据えた営みであり、さまざまなベクトルの施策がWork Life Shift2.0というコンセプトのもとで有機的に統合されている点が非常に興味深い事例である。

第4章でも述べたように、新たな人事施策を導入する際には「WHY」と「スタンス」を明確に示すことが重要である。富士通では Well-being という「WHY」のもと、ワーケーションや副業等を「応援（推進）」していくというスタンスが社内外にメッセージとして発信されている。

ワーケーション推進の目的

富士通ではワーケーションを社内で推進するにあたって、次のような目的を設定している。

① Well-being：長期の観光や帰省を実現してリフレッシュ
② キャリア形成：副業・社会貢献活動（ボランティア・プロボノの実践）
③ 地域課題解決：ワーケーションを入口とした地域との連携強化
④ チームビルディング：組織の心理的安全性を高めるリアルコミュニケーション

たとえば「③地域課題解決」では、同社のビジネスでは全国の地方自治体がクライアントとなるが、従業員がワーケーションを通じて自ら地域に積極的に関わることで、地域の課題を能動的に発見し、どうすれば自社のソリューションを通じて地域に貢献することができるか、という視点を養うことにつながっているという。こうしたワーケーションの意義は地方自治体をクライアントとする業種・業界に限られたものではない。独立研究者の山口周氏が「与えられた問題を解決する問題解決力が供給過剰になり、むしろ問題発見・定義力の重要性が増す」とさまざまな書籍で提言されているが、まさに**地域課題解決型のワーケーションはこの問題発見・定義力を養成するのに最適な機会提供**になる。

出張先での延長滞在を認める「＋Voyage」

ワーケーションに関する社内の取組みとして、同社は2021年7月から出張先での延長滞在を認める「＋Voyage」をスタートしている。これはいわゆるブレジャー制度と呼ばれるものだが、出張先で延長滞在を行う場合でも一定の要件下で、旅費を会社負担にすることができる。ワーケーション実施に際してのコスト面のハードルを下げて、従業員がワーケーションを利用する機会創出を図ることを狙いとしている。宿泊費だけ自己負担すれば、出張先で延長して観光を楽しむことも可能となるため、ワーケーションをはじめて行う従業員からすればかなり心理的なハードルは低くなる。**多くの企業ではワーケーションの制度設計に苦慮しているが、まずはこのようなブレジャー制度を導入し、従業員のニーズを可視化することも最初のプロセスとしては有効だ。**

ちなみに、同社では、複数名で出張する場合にはチームビルディングの機会として本制度を利用することも可能となっている。

ワーケーションモニターツアー

また、「ワーケーションモニターツアー」という取組みがある。従業員が業務の一環としてワーケーションに挑戦する制度であり、参加者は公募・抽選で決定する。これまでに17回開催され、延べ応募数は855名、参加人数は74名（取材時点）にのぼる非常に人気の制度だ。業務の一環として実施されるため、モニターツアーに要する旅費等もすべて会社負担となる。

赤松　光哉 氏
富士通　総務本部　ワークスタイル戦略室
室長

本制度の趣旨は、ワーケーションという新しい働き方を従業員に体感してもらうことにある。富士通の赤松光哉氏は「ワーケーションが気軽なものであることを感じてもらう」「地域の方との交流の価値を感じてもらう」「社内のワーケーションに関するインフルエンサーとして協力してもらう」ということを意図した制度だと説明する。

オンとオフを感じてもらうために、地域体験・アクティビティと業務がおおむね半分ずつのプログラムを設定している。参加者からは次のような感想が出ているという。

【参加者の声】

- 今回はモニターツアーでの参加だったが、次は、個人でワーケーションに挑戦したい
- 地元の人と関わる機会が多く、バケーションではないワーケーションを体験することができた
- 地元の方との交流で知見が広がった。ビジネスの種を見つけた気がする
- アクティビティを通じて、社内のモニターツアー参加者同士での懇親が深まった
- (ワーケーション先を)第二の故郷のように感じた。また訪れたいと思った
- ワーケーションのよさを社内で普及させる取組みをしていきたい
- ワーケーションの印象が「旅行しながら仕事をする」から「自律的に働く場所を選択する延長線上だ」という感覚に変わった

ワーケーションの経験が全くない多くの人にとって、ワーケーションはもともとのワーケーションの語源でもある「ワーク＋バケーション」のイメージがいまだ強く、「なぜバケーション中にまで働かなければならないのか」といったネガティブな印象をもたれてしまうこともある。富

▼富士通の松江市でのワーケーションモニターツアー

士通のように、モニターツアー（写真）をまずは会社負担で開催することで、ワーケーションに対する誤解や偏ったイメージを払しょくすることができる。ワーケーション制度をつくったものの実際の利用率が伸び悩んでいる場合には、こうしたモニターツアーの開催を検討するのも1つの手である。

松江市ワーケーションの魅力

筆者も取材で同行した富士通の松江市でのワーケーションモニターツアーは2泊3日のプログラム（図表6－

図表6-4　富士通の松江市でのワーケーションモニターツアーのプログラム

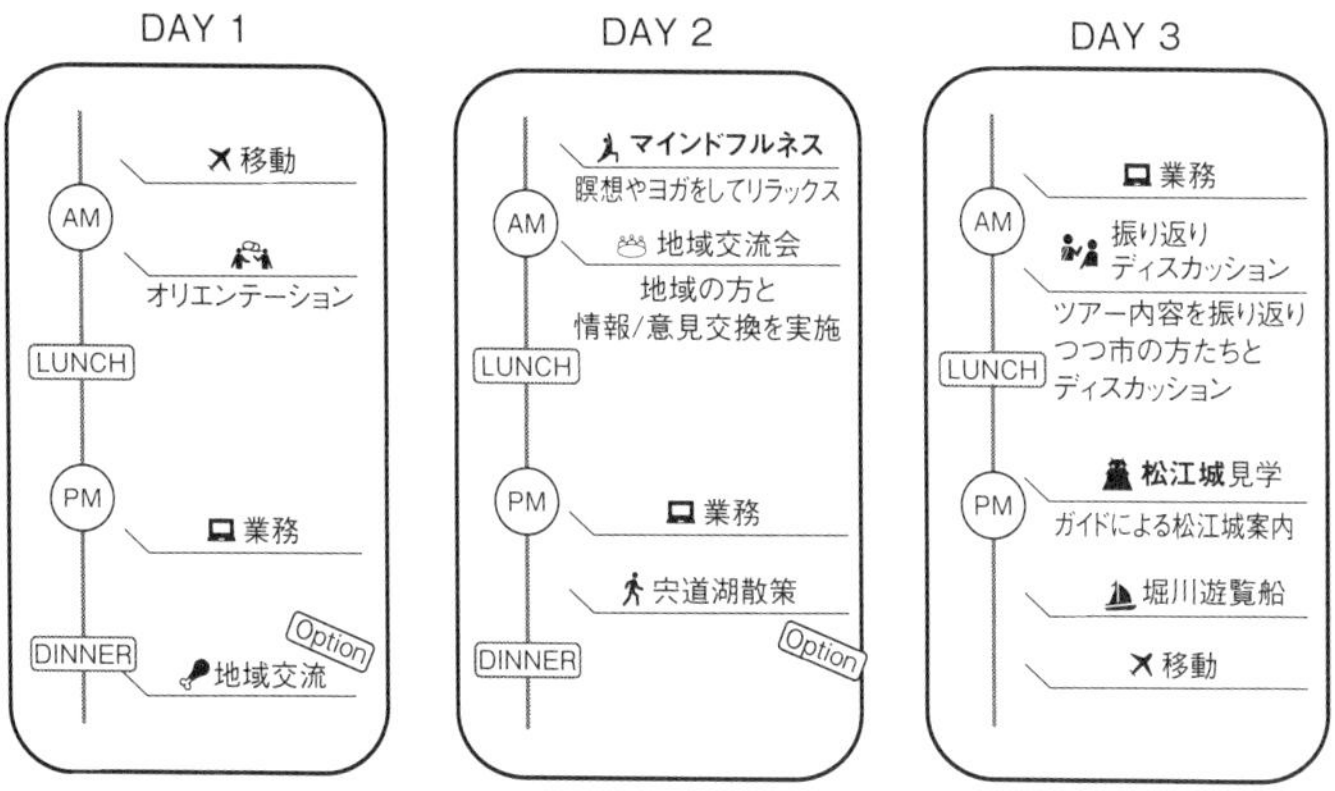

（出所）富士通「富士通のワーケーションの取組みについて」

4）で、参加者からも非常に好評だったという。ツアーへの参加者は、ウェアラブルデバイスでバイタルデータを計測し、モニターツアーの前後・滞在中にアンケート実施を通じて、ストレスの改善状況をモニタリングした。

送り出し企業の視点からみた松江市のワーケーションの魅力は、やはり「地域交流会」にあるという。富士通の大野遥子氏は松江市のワーケーションについて次のように述べている。

「ワークアットのようなコーディネーターがいることが松江市の強みで、地域の方々をワーケーションプログラムにうまく巻き込んでくれる。地域との初期接点をビジネスの顔でもつと、議論が堅苦しくなってしまいがち

大野　遥子 氏
富士通　総務本部　ワークスタイル戦略室

だが、一方で、完全なプライベートだとカジュアルになりすぎてしまう。ビジネスとプライベートの中間にある〝ワーケーション〟という立場で、地域の方と出会うことで質の高い交流が生まれている」

　また、松江市はワーケーション初心者に最適な街だという。自然環境や景観に優れたワーケーション先は多いが、その分、公共交通機関や宿泊施設の整備状況に課題があることも多い。非日常感は味わえるものの、都市部の人がワーケーションとして長期滞在する際には、抵抗感をもつ人も少なくないだろう。

　その点、島根県の県庁所在地でもある松江市は公共交通機関のアクセスもよく、松江駅から徒歩圏内のビジネスホテルやコワーキングスペースも充実している。そこから徒歩圏内で宍道湖にもアクセスできるため、都市部の利便性と自然の豊かさを同時に享受できる。

ワーケーションパートナーシップ協定

実りあるワーケーションを実施するうえでは、地方自治体の方々との協力が必要不可欠という観点から、富士通は、全国の地方自治体とワーケーションパートナーシップ協定を締結している。本書で事例として掲載している松江市を含めて13の自治体（取材時点）が連携自治体となっている。

連携協定を締結した自治体とは、モニターツアーを共同で開催したり自治体のワーケーション関連情報を社内サイトに掲載したりするなどの取組みを進めている。また、自治体同士の連携強化や各自治体のベストプラクティスを共有するために「パートナーシップサミット」を開催しており、富士通がハブとなって各自治体のワーケーション担当者同士の交流機会をつくり出している。

通常であればワーケーションの送り出し企業は受け入れる地域側に対して「お客さまスタンス」になってしまうことも多いものだが、富士通のスタンスは受入地域とのフラットな信頼関係を通じて、ワーケーションを一緒につくりあげていこうという強い共創意志が感じられる。

富士通の赤松氏は、富士通としての今後のワーケーション推進の展望について次のように語っ

図表6-5　富士通におけるワーケーションの今後の展望

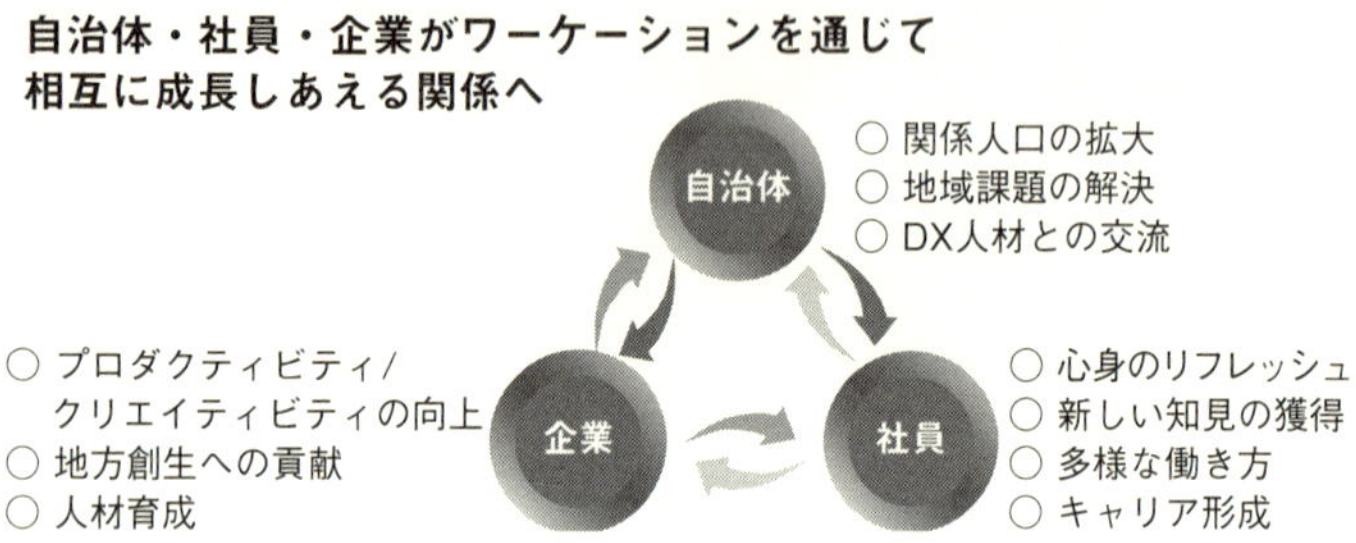
自治体・社員・企業がワーケーションを通じて
相互に成長しあえる関係へ
自治体
○ 関係人口の拡大
○ 地域課題の解決
○ DX人材との交流
企業
○ プロダクティビティ/
クリエイティビティの向上
○ 地方創生への貢献
○ 人材育成
社員
○ 心身のリフレッシュ
○ 新しい知見の獲得
○ 多様な働き方
○ キャリア形成

（出所）富士通「富士通のワーケーションの取組みについて」

ている（**図表6－5**）。

「ワーケーションを文化として根づかせるためには、自治体・従業員・企業にとっての三方よしの関係をつくることが重要。自治体や従業員にとってのメリットはわかりやすいが、企業のメリットの議論が置き去りになってしまいがちだ。企業としてのメリットという点では、人材育成やエンゲージメント向上、地域との交流による従業員の意識変革等があげられる。こうしたワーケーションのメリットを会社としても可視化していきたいと考えている」

第7章

【事例編】

対話を重視したリーダー育成プログラム

【受入地域・団体】北海道上川町×グッドパッチ
【参加企業】丸井グループ

受入地域・団体

北海道上川町×グッドパッチ

デザインファームと連携したワーケーションプログラム開発

北海道上川郡の上川町は、北海道のほぼ中央に広がる日本最大の山岳公園「大雪山国立公園」の玄関口として親しまれ、年間200万人の観光客が訪れる層雲峡温泉をはじめ、観光名所が豊富な町だ。一方で、人口は約3000人と、最盛期に比べ約8割減少するなど、人口減少が深刻な地域でもある。

上川町では、こうした地域課題解決に向けて、官民の垣根を超えたパートナーシップに積極的に取り組んでおり、コロンビアスポーツウェアジャパン、TSIホールディングス、NTTドコモ等の著名な企業とも連携協定を締結している。2023年8月には日本有数のデザインファームであるグッドパッチとも「未来共創パートナーシップ協定」を締結しており、その具体的な連

図表7-1　企業向け人材開発型ワーケーションのプログラム内容

DAY 01	DAY 02	DAY 03	DAY 04	FINAL DAY
移動	Program 02 トークセッション With 塚原社長	Program 04 保全型林業体験 With Outwoods・EFC	上川高校生へのプレゼン準備	Program 06 振り返り workshop With Goodpatch
	Program 02 大雪酒造見学 With 塚原社長		Program 05 スポーツバトル With 上川高校	帰宅
Program 01 トークセッション With 上川町役場リーダー	Program 03 レク・ボッチャ大会 or 災害ボランティアセンター体験 With 上川町社会福祉協議会		Program 05 プレゼンバトル With 上川高校	
懇親会 With 上川町役場リーダー	FREE	懇親会 With Outwoods・EFC	FREE	

（出所）グッドパッチ

携事業の第1弾が上川町のコミュニティを活用した「企業向け人材開発型ワーケーション事業」だ。

企業向け人材開発型ワーケーションでは、上川町に複数日滞在しながら、地場酒造の社長や保全型林業に取り組む住民など、住民との交流を通じて地域課題に直接触れ、住民の考え方だけでなく生き方も含めてインプットする。そのインプットをベースに、グッドパッチのデザイナーとの対話やワークを通して、自分たちの働く意味や目標を再確認し、自らの意志に準じてビジネスに取り組む人材への成長を促進していくプログラム内容となっている（**図表7-1**）。

デザインリサーチでみえた町の魅力

本プログラムはグッドパッチの社員である米田真依氏の「移住体験」から生まれたという。当時グッドパッチ社員だった吉本健太氏が上川町と協議するなかで役場職員向けのデザイン研修を行うことになり、上川町を訪れた米田氏は、上川町の住民の人柄やコミュニティに魅力を感じ、そのまま移住。総務省の「地域活性化起業人制度」（三大都市圏に所在する企業と地方圏の地方自治体が、協定書に基づき、社員を地方自治体に一定期間（6カ月から3年）派遣し、地方自治体が取り組む地域課題に対し、社員の専門的なノウハウや知見を活かしながら即戦力人材として業務に従事することで、地域活性化を図る取組み）を利用し、現在はグッドパッチの社員と、北海道上川町の職員という二足の草鞋で活動している。

清光　隆典 氏
上川町　地域魅力創造課

移住後の半年間で北海道上川町の魅力をデザインリサーチの手法（観察や洞察によって新しいアイデアのヒントを導くプロセス）を用いて探索したとこ

吉本　健太 氏
KAMISORI WORX　代表取締役

米田　真依 氏
グッドパッチ　デザインリサーチャー

ろ、次のようにアイデアが浮かびあがってきたという。

「上川町は観光資源が豊富だが、一番の魅力は人だと感じた。インタビュー調査を進めていくと、皆あたたかくオープンな性格でありながら、確固たるＷＨＹに基づいて行動している人が多いことに気がついた。この魅力をどう活かしていくかを考えたときに、人材開発型のワーケーションがアイデアとして出てきた。私が移住してから感じたこと、学んだことを凝縮してプログラムのなかに盛り込んだ」と米田氏は語る。

これからのリーダーには、人が共感するＷＨＹを見つけ、それを言葉にして相手に伝えていく力が求められる。上川町で熱量の高いＷＨＹをもち、人を巻き込み続けるリーダーたちと時間を共有し対話を重ねることは、都市部の企業のリーダー育成にもつ

ながるのではないか。そのような仮説が今回の人材開発型のワーケーションプログラムが生まれた背景にあると、米田氏と吉本氏は企画当時の経緯を振り返っている。

真の対話を促すプログラム

本プログラムでは、行政職員、都市部から地域に移住したローカルベンチャーの経営者、福祉業界、林業、地元の高校生と実に多様な人たちとの対話機会が設けられている。

「ビジネス上のコミュニケーションでは、どうしても相手の肩書、性別、年齢等のバイアスが生じて純度が下がってしまいがちだ。ワーケーション先では、こうした普段のバイアスを取っ払って、〝人間〟対〝人間〟で対話していく経験を得ることができる」と米田氏は説明する。

近年の越境学習の議論においては「サードプレイス」という概念が注目されている。サードプレイスとは、企業内でもなく家庭内でもない、「第三の居場所」という意味である。企業内においても家庭内においても人には与えられた役割や立場があり、それが思考や発言にも大きく影響する。一方で、サードプレイスではそうした役割や立場から離れて自由な立場で学びや人間関係の構築を行うことができる。人材開発型のワーケーションとはまさにそうしたサードプレイスでの学習機会の創造に他ならない。

また、こうした対話機会は、参加する企業の学びの機会としてだけではなく、受け入れる地域側にも非常に有意義な時間となる。

「自治体は関係人口（移住した〝定住人口〟でもなく、観光に来た〝交流人口〟でもない、地域と多様に関わる人々）を増やすことを掲げていることが多いが、量を追い求めるだけではなく、関係の質を高めることも意識すべきだ。われわれは、関係の質が高まったことで、上川町に住む人たちの意思に共感して、具体的なアクションを起こさずにはいられなくなってしまった人のことを〝感動人口〟と定義しており、感動人口の増加をわれわれのミッションとして設定している」と上川町の清光隆典氏は説明する。

ワーケーションプログラムのなかで、参加企業と地域側が膝詰めで対話する機会をつくることはまさに、この関係の質の向上につながる。こうした上川町のスタンスこそが、数々の名だたる企業との連携・パートナーシップが促進されている秘訣かもしれない。

参加企業

丸井グループ

基本情報

本社所在地：東京都中野区
事業内容：小売事業・フィンテック事業等
創業：1931年2月17日
資本金：359億2000万円
社員数：4290名（丸井グループおよび連結子会社合計）（2024年3月末時点）
上場証券取引所：東京証券取引所 プライム市場

「対話の文化」と「手挙げの文化」

丸井グループでは「人の成長＝企業の成長」という理念のもと、2005年より約17年間にわたって企業文化の変革を進めてきた。その変革テーマのなかでも特徴的なものが「対話の文化」と「手挙げの文化」だ。

同社は、一方通行、上意下達ではなく、双方向での対話を徹底しており、「安全な場宣言から始める」「特に目的を定めない」「結論を求めない」「傾聴する」「人の発言を受けて発言する」「人の意見を否定しない」「間隔を置いて熟成させる」という7つの「対話のルール」を設定している（**図表7−2**）。

「対話の文化」は、企業文化の変革をはじめる際に、企業理念に対する対話のなかから生まれたものである。「私たちはそもそも何のために働いているのか?」「私たちは何をしたくてこの会社に入ったのか?」といった会社のパーパスと個人のパーパスを紐づける対話を実施し、累計4500名以上の社員が参加したという。

もう1つの「手挙げの文化」についても社内に浸透しており、たとえば過去には管理職のみが全員参加していた「中期経営推進会議」についても、社内で参加したい人を募る「手挙げ制」に変更されている。この中期経営推進会議は、ほぼ毎月開催されており、参加するためには論文を書いて応募する。定員は約300名のところ、毎回1000名近くの応募があるという。

この「中期経営推進会議」のコンテンツも、発表や講義をただ聞くだけではなく、必ずインプット内容をテーマとした対話の機会が設けられているという。中期経営推進会議以外にもさまざまな手挙げでの学びの機会があり、全体の約8割にものぼる社員が、自らの意思でこうした取組みに参加している（**図表7－3**）。

ここで紹介する「リーダー育成プログラム」も、手挙げの取組みの1つとして、参加者は公募となっている。**リーダー育成プログラムは会社側が参加者を指名する「選抜型」としている企業が多いなか、まさに手挙げの文化を本気で推進している同社ならではの特徴**といえるだろう。

図表7-2　丸井グループにおける「対話のルール」

1　安全な場宣言から始める
2　特に目的を定めない
3　結論を求めない
4　傾聴する
5　人の発言を受けて発言する
6　人の意見を否定しない
7　間隔を置いて熟成させる

（出所）丸井グループ「人的資本経営#1～企業文化の変革～」

図表7-3　丸井グループにおける「手挙げの文化」

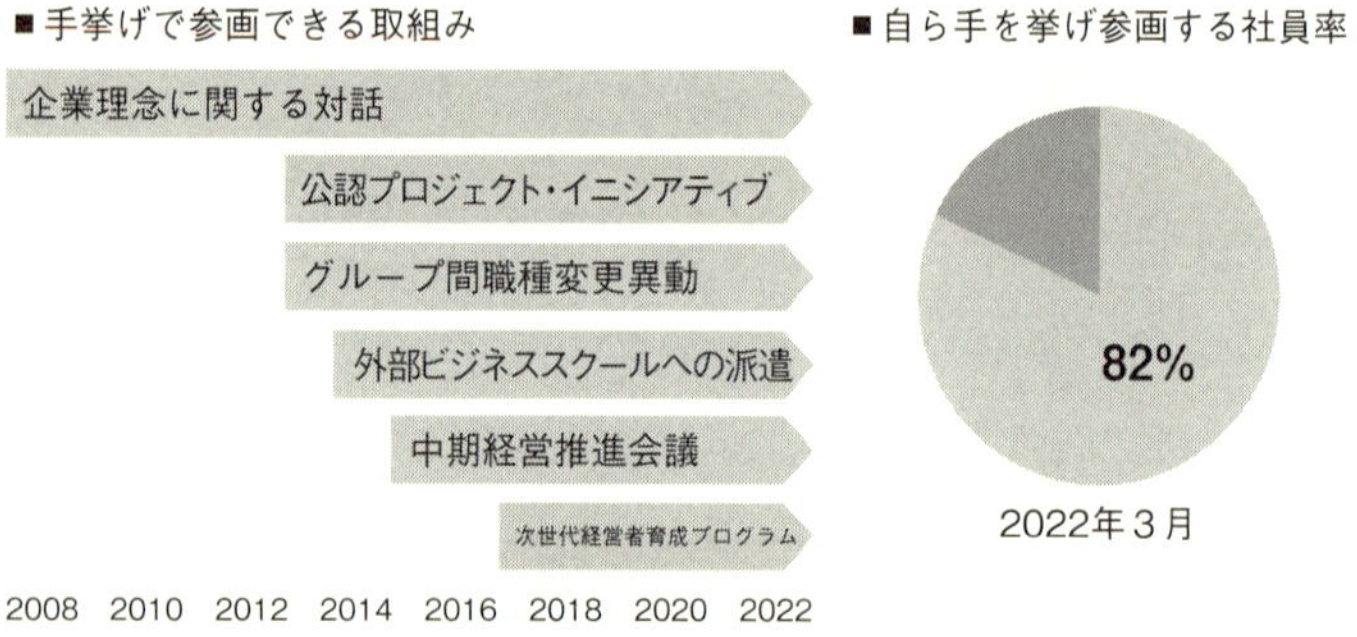

中期経営推進会議

毎月1回公募し、毎回約1000名が手を挙げて、論文審査を通過した300名が参加

公募（論文を提出）▶ 選考（1論文を2～3名で評価）▶ 参加（登壇者と対話）

■累計実施回数　78回　　■累計手挙げ参画者　2.5万名

*2015～2022年累計

（出所）丸井グループ「人的資本経営#1～企業文化の変革～」より作成

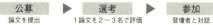

「対話の文化」をより高次元に

同社のリーダー育成プログラムは約1年間の長期に及ぶ内容であり、参加者は経営戦略やファイナンス等の知識を学びながら、毎年設定されたテーマについての探究活動をチームメンバーと行う。

「対話の文化」は既に社内に広く浸透しているものの、その対話のレベルをより高次元に昇華させていくことを目的に、新たなプログラムとして上川町での人材開発型ワーケーションを取り入れたという。

「リーダー育成プログラムにはチーム型の探究活動も含まれており、高い次元での対話が必要になる。対話への意識をより一層高めていくために、ダイアローグ・インザダーク（照度ゼロの暗闇空間で視覚以外の感覚を使ってさまざまなシーンを体験するプログラム）や上川町でのワーケーションプログラムを企画した」と事務局を務めた丸井グループの杉本真理氏は説明する。

上川町で本気で社会課題に取り組むリーダーからインプットを得て「働く」意味に触れる。そのインプットについて、現地の人たちとの対話や内省を通じて、現地での体験を自身の仕事の意義と結びつける。その対話や内省を踏まえて、現地の高校生に対して「働く」ということをプレ

▼保全型林業体験プログラム

ゼンテーションするという言語化の機会を意識的につくる。こうした一連の流れが上川町でのプログラムでは意識されている。

たとえば、「保全型林業体験」のプログラムは、森林組合のメンバーがどのようなスタンスで林業に向き合っているかを学ぶ内容になっている（**写真**）。いかにして人間の活動による森への影響を最小限に抑えて森と共存するのかという視点で、小さな行動一つひとつにも熟考が重ねられている。短期的にみればすべての木を切れば儲かるが、サステナブルではない。このように、**森の木々や森を守るという行為は超長期の営みであり、ゴーイングコンサーンを前提とした企業経営とも重なる部分が大きい。**実際、参加者らは次のような気づきがあったという。

【参加者の気づき】

「木を速く切ったら断面がザラザラになり、チェーンソーの刃も外れてしまった。ゆっくり切ったら、きれいな表面になった。これはまさに、人事や組織づくりと一緒だと思った」

「森を伐採して短期的に利益にすることもできるが、共存していくためには中長期で戦略が必要であり、企業の戦略も同じなのではと思った」

「伐採後の樹木が生えていない場所には、パイオニアツリーとして白樺が生えやすい。その白樺が落とした枝や葉が朽ちて土壌の栄養分になり、他の樹木が育ちやすい環境をつくる。そうして他の樹木が育つと光が遮られ、白樺はパイオニアツリーとしての役目を終える。サステナブル・循環していくとはまさにこういうことだと感じた」


良質なワーケーションプログラムには、まさにこうした非日常体験からアナロジーとメタファーを通じて気づきを得る要素が埋め込まれている。

「東京でも企業の経営者等の講義を聞く機会はあり、それはそれで有意義だが、どうしても自分たちの延長線上にいる人たちの話になってしまいがちで、どこか新鮮味に欠ける部分がある。それに対して、**全く知らない世界、全く知らない人たちと接することができるワーケーションは**

右から杉本　真理 氏　丸井グループ　経営企画部　経営企画担当兼DX推進室　リーダー
竹内　琢也 氏　D2C&Co.　共創メディア・事業管理担当　チーフリーダー
塩野　宏之 氏　丸井　EC事業部　テナント課　課長

驚きと学びにあふれている」と実際にプログラムに参加した塩野宏之氏・竹内琢也氏は語っている。

5つの要素とU理論

人材開発型のワーケーションプログラムの効果を高めるためには、プログラム中に「素直になれる」ということが重要であるという。

丸井グループの杉本氏は、参加者に素直な気持ちでプログラムに臨んでもらうための大切な要素として、次の5点をあげている。

① 普段の生活と隔絶された環境（非日常体験）
② 五感を用いた共通の体験
③ 仕事を通じて「社会課題に本気で向き合っている人」との交流
④ 現状に満足せず、より高みを目指す向上心をもったメンバー
⑤ 5日間という時間（他者との関係性を取りつくろうのは2日が限界）

さらに、杉本氏はこうした5つの要素をU理論に重ねて、今回のプログラムを振り返っている。U理論とは、C・オットー・シャーマー博士によって提唱された、個人や組織が変革やイノベーションを実現するための実践的なプロセスを示した理論である。U理論の詳細な解説は専門書に譲るが、過去の思考や行動のパターンを超えて新しい可能性を生み出していくプロセスを「Uの谷を下る（自己を深く観察し、過去に固執する思考を手放すことで、新しい視点を得る）」「Uの谷（対話と内省を通じて自分の本質や真の目的を探求し、変革に向けた準備を整える）」「Uの谷をのぼる（直感を信じ、新たなアイデアや行動を具体化させることで、実際の変化を起こす）」の3つのフェーズに区分している。

そして、さらにそれを、「1：ダウンローディング、2：観る、3：感じ取る、4：プレゼンシ

図表7-4　U理論

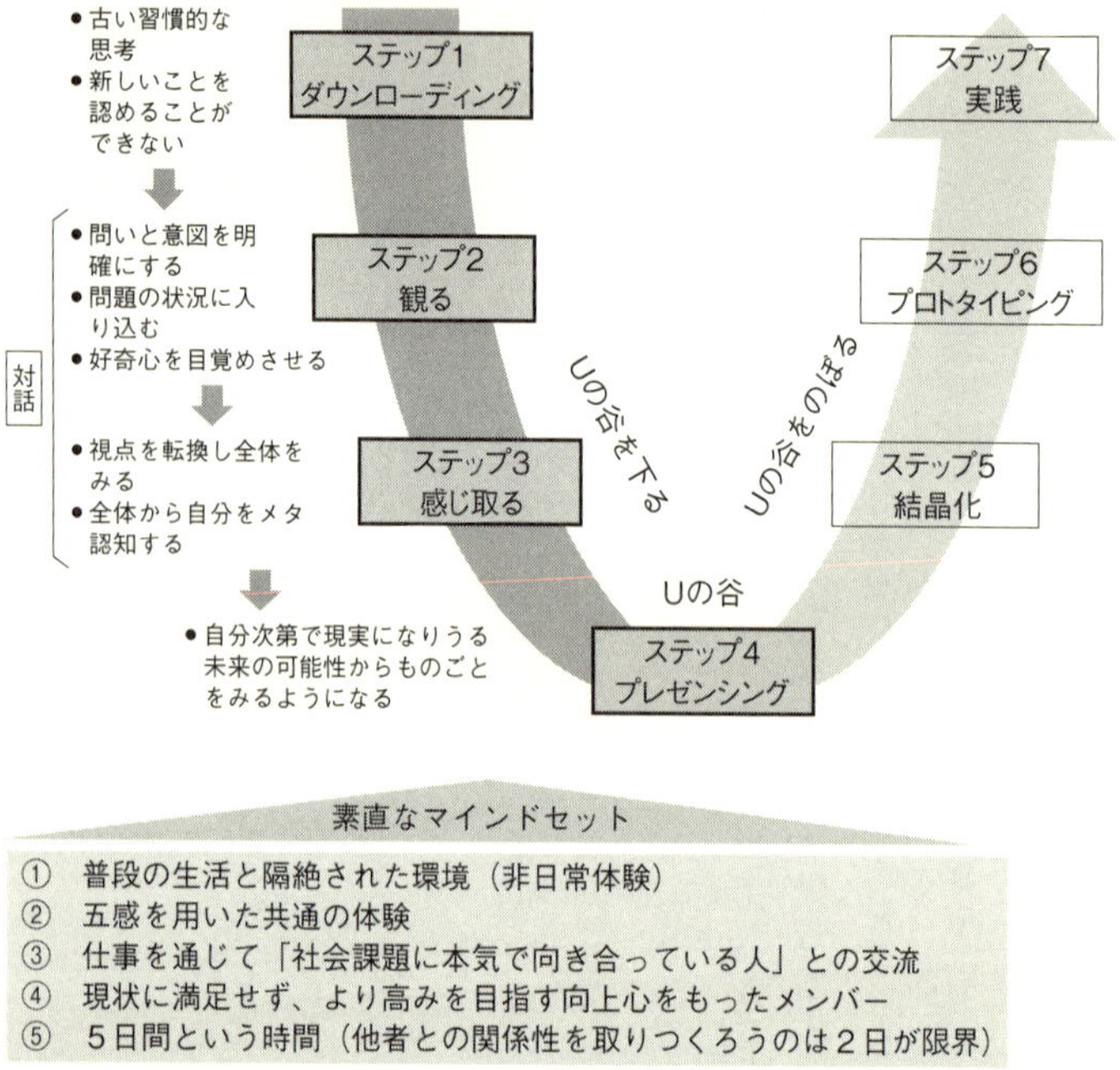

（注）▭：上川町での体験によって特に「深化」が促進されたステップ
（出所）C・オットー・シャーマー著、中土井僚・由佐美加子翻訳『U理論［第二版］――過去や偏見にとらわれず、本当に必要な「変化」を生み出す技術』（英治出版）より丸井グループ杉本真理氏作成

ング、5：結晶化、6：プロトタイピング、7：実践」の7つのステップに細分化している。

杉本氏は、前述の①～⑤の要素は、このステップのうち、特にステップ1から4へと深化させていくプロセスに結びついているのではないかと仮説を立てている（**図表7－4**）。

「対話の重要性」は多くの企業で語られるものの、単なるお題目となってしまっているケースも散見される。企業文化を変革し、発展させていくという営みに終わりはない。丸井グループの事例からわれわれが学ぶべきことは、企業文化に対する本気度ではないだろうか。**「対話の文化」と「手挙げの文化」を大切にしてきた同社が、それらをさらに高次元へ導くために飽くなき挑戦を続けている姿勢はまさに「人の成長＝企業の成長」という理念を体現している。**

働く意義や目的を問い直し、他者との対話を通じて新たな気づきを得る、そのような機会が上川町にはある。ぜひ多くの企業に上川町での人材開発型ワーケーションの魅力を体感してみてほしい。

終わりに

経営コンサルタントの大前研一氏は『時間とムダの科学』（共著・プレジデント社）のなかで、次のように述べている。

「人間が変わる方法は3つしかない。1つは時間配分を変える、2番目は住む場所を変える、3番目は付き合う人を変える、この3つの方法でしか人間は変わらない。もっとも無意味なのは『決意を新たにする』ことだ」

この言葉は企業にもそのまま当てはまる。「わが社にもイノベーションが重要だ！」「これからの時代はDXだ！」と、決意新たに経営方針を打ち出していても、ほとんどの企業では満足のいく変革は実現できていないのではないだろうか。

停滞感や閉塞感を抱える皆さまには、ぜひ本書で紹介した「経営戦略としてのワーケーション」を実践してみてもらいたい。ワーケーションとは、まさに「働く時間」と「場所」「付き合う人」を変える営みである。

本書の内容が、読者の皆さまの目指す「変革」への一助となることができれば幸甚である。

2024年9月

岩田　佑介